賽倉攝類學 下

造論／賽倉・語王吉祥大師

總監／真如　　主譯／釋如法

大慈恩・月光國際譯經院

主校／釋性忠

བསེ་བསྡུས་གྲྭ།

賽倉攝類學 總目錄

上冊

初級理路

中級理路

下冊

高級理路

附錄

高級理路

第十八章
三時的單元

導讀

　　〈三時〉源自於《釋量論》中：「去來非所詮，義與彼盡故。」此處的去來，是指過去與未來。意為過去的事物已經消失，未來的事物還未出現，在眼前這些都不存在，因此不是所詮。由此探討過去、未來與現在三者的意涵，所以取名為〈三時〉。

　　三時當中，「過去」是指出生之後，已經滅盡的狀態；「未來」則是指雖有其因，但是由於因緣不俱全，以致暫時還未出生的狀態；「現在」是指已經出生而還未遮滅。

　　《攝類學》認為，實事與現在同義，即使是去年或者明天等，凡是實事都是現在，而不是過去或未來。為何會有這樣的觀點，是因為提到過去的事物是現在的實事時，是指在屬於該事物自己的時段中，該事物是現在的實事之意；相同地，提到明天是現在的實事，也是指明天在自己的時段是現在的實事。是不是「現在」，並非從觀察者的角度來安立，而是從事物本身的角度看待。因此，將要長出的收成，在自己的時段是已經生而尚未遮滅，以此類推，所有的實事都是如此，只要是實事，一定是「已生」，不會是「現前趣向於出生」，亦即不會是將要出生；而只要是實事，都處於雖然存在，然而正逐漸走向衰亡的狀態，因此一定是「現前趣向於遮滅」，亦即將要遮滅。事實上，除了應成派認

為過去、未來也是實事，而有部主張實事與存在同義以外，自續派以下的內道宗義都是這麼承許。

實事一定是現在，但是每個實事，又各有其過去與未來。以幼苗為例，幼苗的過去，通常被認為是指種子，甚至是更早的階段。但是這種認知，實際上是「在幼苗的時段已經成為過去」的內涵。《賽倉攝類學》認為，「幼苗的過去」與「在幼苗的時段是過去」，前者是指幼苗本身成為已經過去的狀態，後者則是理解為在幼苗的時段，有另一個事物成為過去的狀態，兩者的意涵截然不同。因此，只有在幼苗的果的時段，才能安立出幼苗的過去，因為那時，幼苗已經過了存在的階段，成為過去。相同地，「幼苗的未來」與「在幼苗的時段是未來」，二者的理解方式也是如此，前者意指幼苗本身處於「未來」的狀態，後者則是在幼苗的時段，有另一個事物處於「未來」的狀態。「幼苗的未來」，必須安立在種子或者更早的階段，因為那時，幼苗還「未來」，雖然有幼苗的因，但是由於因緣還未俱全，以致幼苗還不存在，處於尚未出生的狀態。這與一般習慣的認知有所不同。

提到過去未來，就必然會述及生住滅的過程，「三時」的內涵，與無常緊密相連。

如上所述，雖然實事一定是「已生」，不會是「現前趣向於出生」，但是以幼苗為例，在種子的階段，幼苗準備出生而尚未出生，正一步步邁向幼苗誕生的時刻，此時即是幼苗現前趣向於出生的階段。所以雖然沒有「現前趣向於出生」，但是有「幼苗現前趣向於出生」。

在種子的最後一刻，幼苗正在出生，到了幼苗的第一剎那，幼苗剛

剛完成了誕生的過程。因此這兩個時段都是幼苗出生的時段。從第一剎
那起，直到幼苗完全壞滅的前一剎那，都是幼苗安住的時段。這段時間
幼苗雖然存在，但是由於幼苗是每一剎那都在走向衰亡的無常之法，因
此幼苗的壞滅伴隨著幼苗的每一剎那，幼苗自始至終都是「現前趣向於
遮滅」。到了幼苗的最後一剎那結束，從那一刻起，就進入幼苗遮滅的
時段，幼苗已經完全滅盡，而幼苗的果剛剛誕生，幼苗的果的安住時段
於焉展開。同樣地，任何實事生住滅的過程，都是如此。

解說三時的單元

破除他宗

1

有人說：「是成實的話，遍是現在[320]。」

那麼常法有法，應當是現在，因為是成實的緣故。已經承許周遍了。

如果承許的話，那麼常法有法，應當是實事，因為是現在的緣故。

如果說不遍的話，這應當有周遍，因為實事與現在二者是同義的緣故。

2

有人說：「在瓶子的時段是過去[321]的話，遍是瓶子的過去[322]；

320　**現在**　藏文為「ད་ལྟར」，指已生而尚未壞滅的事物，與無常同義。

321　**在瓶子的時段是過去**　藏文為「བུམ་པའི་དུས་སུ་འདས་པ」，在瓶子存在的時段已經消失、壞滅的事物。如瓶子的因，在瓶子的時段已經壞滅，所以在瓶子的時段已經是過去。

322　**瓶子的過去**　藏文為「བུམ་པའི་འདས་པ」，指瓶子已經壞滅的這個狀態。因此瓶子的過去是指瓶子

在瓶子的時段是未來[323]的話，遍是瓶子的未來[324]。」

對於第一者，那麼瓶子的因有法，應當是瓶子的過去，因為在瓶子的時段是過去的緣故。已經承許周遍了。

如果說因不成立的話，瓶子有法，他的因在他的時段應當是過去，因為他是實事的緣故。

如果承許前面的宗，瓶子的因有法，應當不是瓶子的過去，因為不是在瓶子之後成立的緣故。

如果說不遍的話，這應當有周遍，因為瓶子的過去與瓶子遮滅二者是同時成立的緣故。

如果說因不成立的話，瓶子有法，他的過去與他遮滅二者應當是同時成立，因為他是實事的緣故。

對於第二者，那麼瓶子的果有法，應當是瓶子的未來，因為在瓶子的時段是未來的緣故。已經承許周遍了。

如果說因不成立的話，瓶子有法，他的果在他的時段應當是未來，因為他是實事的緣故。

如果承許前面的宗，那麼瓶子的果有法，應當是在瓶子之前形

已經成為過去式的狀態，而不是指瓶子之前的狀態。這與一般的語法不同。

323　**在瓶子的時段是未來**　藏文為「བུམ་པའི་དུས་སུ་མ་འོངས་པ」，指在瓶子的時段尚未出現的事物，如瓶子的果，在瓶子的時段尚未出生，所以在瓶子的時段還處於未來式。

324　**瓶子的未來**　藏文為「བུམ་པའི་མ་འོངས་པ」，指有生出瓶子的因，由於因緣還未完全具備，以至於暫時無法產生瓶子的這個狀態。因此瓶子的未來是指瓶子還是未來式的狀態，而不是指瓶子之後的狀態。這與一般的語法不同。

成，因為是瓶子的未來的緣故。

如果說不遍的話，這應當有周遍，因為是瓶子的未來的話，必須是在瓶子之前形成的緣故。

如果說因不成立的話，瓶子有法，是他的未來的話，應當必須是在他之前形成，因為他是實事的緣故。

◎ 3

有人說：「未來應當不存在，因為現前趣向於出生[325]不存在的緣故。」回答不遍。

如果說因不成立的話，現前趣向於出生應當不存在，因為是實事的話，遍不是現前趣向於出生；是常法的話，遍不是現前趣向於出生的緣故。

如果說第一個因不成立的話，是實事的話，應當遍不是現前趣向於出生，因為是實事的話，遍不是尚需出生的緣故。

應當如此，因為是實事的話，遍是已生的緣故。

如果說第二個因不成立的話，是常法的話，應當遍不是現前趣向於出生，因為是常法的話，遍不是尚需出生的緣故。

應當如此，因為是常法的話，遍畢竟不生的緣故。

---

325 **現前趣向於出生** 藏文為「སྐྱེ་བ་ལ་མངོན་དུ་ཕྱོགས་པ་」，指處於將要出生卻還未出生的狀態。由於所有的所知可以歸納為常與無常兩類，常法不會出生，無常必須是已經出生，所以「現前趣向於出生」本身不可能存在。但是就某個實事而言，以苗芽為例，因為有苗芽正在出生的時段，所以苗芽現前趣向於出生容許存在。

◈ 4

　　有人說：「現前趣向於出生應當存在，因為苗芽現前趣向於出生存在的緣故。」回答不遍。

　　如果說因不成立的話，苗芽現前趣向於出生應當存在，因為苗芽現前趣向於出生的時段存在的緣故。

　　如果說因不成立的話，苗芽現前趣向於出生的時段應當存在，因為苗芽正在出生的時段存在的緣故。

　　如果說因不成立的話，苗芽正在出生的時段應當存在，因為苗芽的因的時段即是彼的緣故。

　　如果說因不成立的話，苗芽有法，他的因的時段應當是他正在出生的時段，因為他是實事的緣故。

◈ 5

　　有人說：「現前趣向於出生應當存在，因為現前趣向於遮滅[326]存在的緣故。」回答不遍。

　　如果說因不成立的話，現前趣向於遮滅應當存在，因為是實事的話，遍是現前趣向於遮滅的緣故。

　　如果說因不成立的話，是實事的話，應當遍是現前趣向於遮滅，因為是實事的話，遍是正在遮滅的緣故。

326　**現前趣向於遮滅**　藏文為「འགག་པ་ལ་མངོན་དུ་ཕྱོགས་པ」，指將要遮滅而尚未遮滅的狀態。因為是無常的話，一定是已經出生，而不會是已經遮滅，但是終究會有壞滅的一天，所以一定是「現前趣向於遮滅」。

如果說因不成立的話，是實事的話，應當遍是正在遮滅，因為是實事的話，遍是正在壞滅的緣故。

如果說因不成立的話，是實事的話，應當遍是正在壞滅，因為是實事的話，遍是必將壞滅的緣故。

🏵 6

有人說：「苗芽出生[327]與種子遮滅[328]應當是同時，因為苗芽現前趣向於出生與種子現前趣向於遮滅二者是同時的緣故。

如果說因不成立的話，苗芽現前趣向於出生與種子現前趣向於遮滅二者應當是同時，因為苗芽與種子二者是直接能生所生的緣故。

如果承許的話，苗芽已經出生的話，種子應當遍遮滅，因為這二者是同時的緣故。」回答不遍。

如果承許的話，那麼所知有法，種子應當遮滅，因為苗芽已經出生的緣故。已經承許周遍了。

如果說因不成立的話，所知有法，苗芽應當已經出生，因為苗芽是實事的緣故。

如果承許前面的宗，所知有法，種子應當非遮滅，因為種子是必將遮滅的緣故。

---

327 **苗芽出生** 藏文為「སྐྱེ་གི་མྱུ་གུ」，指苗芽新生的狀態。只要是無常，一定是處於他的上一剎那剛剛壞滅，而這一剎那剛剛出生的狀態。因此苗芽存在的整個過程中，苗芽的每一剎那都是新生的。

328 **種子遮滅** 藏文為「ས་བོན་འགགས་པ」，指種子已經遮滅的狀態，這是一種常法。

如果說因不成立的話，所知有法，種子應當是必將遮滅，因為種子是實事的緣故。

❀ 7

有人說：「種子遮滅與苗芽出生應當不是同時，因為種子遮滅的時段與苗芽出生的時段[329]不一的緣故。」回答不遍。

如果說因不成立的話，種子遮滅的時段與苗芽出生的時段應當不一，因為是苗芽出生的時段的話，不遍是種子遮滅的時段的緣故。

如果說因不成立的話，是苗芽出生的時段的話，應當不遍是種子遮滅的時段，因為種子最後一剎那的時段是苗芽出生的時段，而且不是種子遮滅的時段的緣故。

如果說第一個因不成立的話，種子最後一剎那的時段應當是苗芽出生的時段，因為苗芽的直接因的時段是苗芽出生的時段的緣故。

如果說因不成立的話，苗芽有法，他的直接因的時段應當是他出生的時段，因為他是實事的緣故。

如果承許前面的宗[330]，種子最後一剎那的時段應當不是種子遮滅的時段，因為種子最後一剎那的時段是種子自己的時段的緣故。

如果說因不成立的話，種子有法，他最後一剎那的時段應當是他自己的時段，因為他是實事的緣故。

329　**苗芽出生的時段**　藏文為「སྐྱེ་ག་སྐྱེ་བའི་དུས」，種子最後一剎那及苗芽第一剎那其中一者的時段。

330　**如果承許前面的宗**　原文如此，但前面並無相對應的立宗，對照上下文，此句或應作「如果說第二個因不成立的話」。於此提出，以供讀者參考。

8

有人說：「苗芽的直接因的時段應當不是苗芽出生的時段，因為苗芽第一剎那的時段是苗芽出生的時段的緣故。」回答不遍。

如果說因不成立的話，苗芽第一剎那的時段應當是苗芽出生的時段，因為苗芽第一剎那的時段是種子遮滅的時段的緣故。

如果說不遍的話，這應當有周遍，因為種子遮滅與苗芽出生是同一個時段的緣故。

應當如此，因為苗芽出生與種子遮滅是同時的緣故。

9

這麼說了之後，有人說：「苗芽第一剎那的時段有法，應當不是苗芽出生的時段，因為不是苗芽尚需出生的時段的緣故。」回答不遍。

如果承許的話，苗芽有法，他第一剎那的時段應當是他出生的時段，因為他是實事的緣故。

10

有人說：「種子最後一剎那的時段應當是種子遮滅的時段，因為種子的時段是種子遮滅的時段的緣故。

如果說因不成立的話，種子的時段應當是種子遮滅的時段，因為苗芽的時段是苗芽遮滅的時段的緣故。

如果說因不成立的話，苗芽的時段應當是苗芽遮滅的時段，因為

苗芽的時段是苗芽壞滅的時段的緣故。

如果說因不成立的話，苗芽的時段應當是苗芽壞滅的時段，因為苗芽的時段是苗芽壞滅存在的時段[331]的緣故。」回答不遍。

如果說因不成立的話，苗芽的時段應當是苗芽壞滅存在的時段，因為苗芽的時段是苗芽壞滅形成的時段的緣故。

如果說不遍的話，這應當有周遍，因為苗芽與苗芽壞滅是同時形成的緣故。

應當如此，因為苗芽與苗芽現前趣向於壞滅[332]是同時形成的緣故。

應當如此，因為苗芽是在自己的時段現前趣向於壞滅的緣故。

❀ 11

有人說：「苗芽的時段應當是苗芽壞滅的時段，因為苗芽的時段是苗芽壞滅自己的時段的緣故。」回答不遍。

如果說因不成立的話，苗芽的時段應當是苗芽壞滅自己的時段，因為苗芽的時段是苗芽壞滅安住的時段的緣故。

---

331 **苗芽的時段是苗芽壞滅存在的時段**　苗芽具有生、住、壞滅三種特色，分別為苗芽新生、苗芽安住、苗芽正在壞滅的狀態。這三者都在苗芽的時段存在，而且出現與消失的時間都與苗芽相同，所以自宗承許苗芽的時段即是苗芽壞滅存在的時段。苗芽正在壞滅，是指正處在逐漸壞滅的過程，而非指已經壞滅、消失。

332 **現前趣向於壞滅**　藏文為「འཇིག་པ་ལ་མངོན་དུ་ཕྱོགས་པ」，指正在壞滅、趣向消失。在此的壞滅，特指最終徹底壞滅。任何無常都是「現前趣向於壞滅」，因為無常之義即是剎那剎那壞滅，無法安住於自己的時段以外的第二剎那，所以無常都是「現前趣向於壞滅」。

應當如此，因為苗芽壞滅安住的時段可得舉例的緣故。

如果承許前面的宗，苗芽的時段有法，應當不是苗芽壞滅的時段，因為是苗芽現前趣向於壞滅的時段的緣故。

如果說不遍的話，這應當有周遍，因為苗芽現前趣向於壞滅的時段與苗芽壞滅的時段不一的緣故。

應當如此，因為就像現前趣向於成佛的時段與成佛的時段不一的緣故。

🏵 12

有人說：「苗芽第二剎那的時段是苗芽壞滅的時段。」

苗芽第二剎那的時段有法，應當不是苗芽壞滅的時段，因為是苗芽安住的時段的緣故。

如果說因不成立的話，苗芽第二剎那的時段應當是苗芽安住的時段，因為苗芽前中後三剎那的時段[333]是苗芽安住的時段的緣故。

如果說因不成立的話，苗芽有法，他前中後三剎那的時段應當是他安住的時段，因為他是具有前中後三剎那的本性的實事的緣故。

---

333 **苗芽前中後三剎那的時段**　任何一個粗分的無常，都可以從時間的角度分成前中後三個時段。所以在此苗芽也可以分成前中後三剎那，甚至可以將苗芽的前中後三個剎那任何一者，再區分出前中後三個剎那，如此不斷地區分下去直到最小的時間單位。

◉ 13

　　有人說：「苗芽壞滅的時段應當不存在，因為苗芽第二剎那的時段不是彼的緣故。」

　　回答不遍，因為必須安立苗芽自己的時段過後那一剎那的時段是苗芽壞滅的時段的緣故。

　　應當如此，因為如果問苗芽何時壞滅，必須說：「在自己時段過後那一剎那的時段壞滅」的緣故。

◉ 14

　　有人說：「苗芽自己的時段過後那一剎那的時段[334]應當不是苗芽壞滅的時段，因為苗芽自己的時段過後那一剎那的時段是苗芽已寂滅的時段的緣故。」回答不遍。

　　如果說因不成立的話，苗芽自己的時段過後那一剎那的時段應當是苗芽已寂滅的時段[335]，因為苗芽自己的時段過後那一剎那的時段是苗芽的果的時段的緣故。

　　如果說因不成立的話，苗芽有法，他自己的時段過後那一剎那的時段應當是他的果的時段，因為他是實事的緣故。

334　苗芽自己的時段過後那一剎那的時段　藏文為「མྱུ་གུའི་རང་དུས་དེ་ལས་དེའི་སྐད་ཅིག་གཉིས་པའི་དུས」，「苗芽自己的時段」指從苗芽出生的第一剎那起到苗芽的最後一剎那，這之間的時段都是苗芽自己的時段。因此「苗芽自己的時段過後那一剎那的時段」，即指已經度過「從苗芽出生起到最後一剎那」這段時間的下一剎那的時段。

335　苗芽自己的時段過後那一剎那的時段應當是苗芽已寂滅的時段　拉寺本作「苗芽自己的時段過後那一剎那的時段應當不是苗芽已寂滅的時段」，上下文義無法連貫，應誤。

15

有人說：「寂滅的實事應當存在，因為是實事的話，遍壞滅的緣故。」回答不遍。

不能如此承許，因為是實事的話，遍未寂滅的緣故。

應當如此，因為是實事的話，遍是必將壞滅的緣故。

16

有人說：「寂滅的實事應當存在，因為遮滅的實事存在的緣故。

如果說因不成立的話，遮滅的實事應當存在，因為死亡的人存在的緣故。

如果說因不成立的話，死亡的人應當存在，因為有人死亡的緣故。」回答不遍。

如果說因不成立的話，應當有人死亡，因為有殺人的緣故。

如果說因不成立的話，應當有殺人，因為殺人的業存在的緣故。

17.1

有人說：「被殺的人應當存在，因為拉隆悲吉多杰[336]殺死國王

---

336 **拉隆悲吉多杰** 為藏文「ལྷ་ལུང་དཔལ་གྱི་རྡོ་རྗེ」音譯，蓮花生大師二十五位弟子之一，刺殺藏王朗達瑪的刺客。約8世紀時人，曾在漢藏邊境擔任軍官，在無垢友大師（བི་མ་ལ་མི་ཏ）座下出家，取名拉隆悲吉多杰（吉祥金剛），又從蓮花生大師（པདྨ་སམ་བྷ་ཝ）座下獲得菩薩戒，與其弟子十三人在察耶巴（བྲག་ཡེར་པ）修行獲得成就。其時藏王朗達瑪正在摧毀佛教，在本尊加持與指示之下，拉隆悲吉多杰穿黑衣、騎乘黑馬前往拉薩（ལྷ་ས），在藏王閱讀漢藏會盟碑時，佯裝禮敬藏王而拉弓射殺之，隨即逃亡。在過河時將黑衣反穿成白衣，黑馬身上的黑漆洗淨而成白馬，

朗達瑪[337]的緣故。」回答不遍。

　　這麼說了之後，有人說：「拉隆悲吉多杰應當遮滅了國王朗達瑪的命根[338]，因為拉隆悲吉多杰殺死國王朗達瑪的緣故。

　　如果承許的話，國王朗達瑪的命根應當遮滅，因為拉隆悲吉多杰遮滅了國王朗達瑪的命根的緣故。」回答不遍[339]。

　　那麼對你而言，光明所除遣的黑暗應當遮滅，因為光明遮滅了自己所除遣的黑暗的緣故。符合周遍。

前往安多（ཨ་མདོ）進行閉關。後貢巴饒色大師（དགོངས་པ་རབ་གསལ）希望受得比丘戒，由於佛教衰敗，連受大戒最少應具備五位比丘也尋找不到，為此拉隆悲吉多杰找到兩位漢僧，湊足五位比丘為貢巴饒色大師受比丘戒，使得藏傳戒法得以延續弘傳。

337　**國王朗達瑪**　藏文為「རྒྱལ་པོ་གླང་དར་མ」，吐蕃王朝第四十三位藏王，赤德松贊（ཁྲི་སྲོང་བཙན）之子。全名赤朗達瑪烏東贊（ཁྲི་གླང་དར་མ་ཨུ་དུམ་བཙན），「達瑪」為其本名，「赤」為對藏王的敬詞，「烏東贊」為其尊號；「朗」義為牛，則是貶低此王，約8世紀時人。此藏王稟性暴惡，厭惡佛教，因當時藏王赤熱巴堅（ཁྲི་རལ་པ་ཅན）崇佛，被苯教大臣刺殺，擁立朗達瑪為王。在位期間大力推展苯教，全面消滅佛法，致使西藏佛教衰敗，最後被拉隆悲吉多杰刺殺。

338　**命根**　藏文為「སྲོག་དབང」，指有情的壽命，是心識所依處。

339　**國王朗達瑪的命根應當遮滅，因為拉隆悲吉多杰遮滅了國王朗達瑪的命根的緣故。」回答不遍**　拉隆悲吉多杰雖然做出遮滅朗達瑪王命根的動作，以致其命根在某一段時間裡消失不見。但是他的命根既然是一種實事，其本身存在與否，必須從他自己的時段中是否存在而定。朗達瑪王的命根在自己的時段是生而未遮滅，因此承許朗達瑪王的命根並非遮滅。並且因為朗達瑪王仍是補特伽羅，凡是補特伽羅，都一定具足命根。所以朗達瑪王的命根一定是存在的，自宗因此回答不遍。

❀ **17.2**

另外，蓋障³⁴⁰應當遮滅，因為最後續流的無間道³⁴¹遮滅了蓋障的緣故。符合周遍。

❀ **18**

有人說：「寂滅的實事應當存在，因為過去的實事存在的緣故。

如果說因不成立的話，過去的實事應當存在，因為過去的人存在的緣故。

如果說因不成立的話，過去的人應當存在，因為過去的佛陀存在的緣故。」回答不遍。

如果說因不成立的話，過去的佛陀應當存在，因為三世諸佛存在的緣故。

❀ **19**

有人說：「過去的人應當存在，因為有回憶過去的人的方式的緣故。」

---

340 **蓋障** 藏文為「སྒྲིབ་པ」，會障礙成就最終的果位，又能被正對治品所破除的無常。包含煩惱障、所知障等。

341 **最後續流的無間道** 藏文為「རྒྱུན་མཐའི་བར་ཆད་མེད་ལམ」，「無間道」，指對治自己違品的正對治，因為能無間斷地趣入解脫道，故名無間道。無間，在藏文又可譯為無障礙，指此道能斷除所斷，不被所斷所障礙。「最後續流的無間道」，指十地菩薩斷除最微細的所知障的無間道，此為有學位最後一個無間道，下一剎那即進入佛地。

回答不遍，因為就像在自己的時段中回憶過去的人，必須依此而安立佛陀的緣故。

安立自宗

有現在的性相，因為生而未遮滅即是彼的緣故。

現在與實事二者同義。

苗芽現前趣向於出生的時段可得舉例，因為苗芽的因的時段即是彼的緣故。

苗芽出生的時段可得舉例，因為苗芽第一剎那的時段即是彼的緣故。

苗芽安住的時段可得舉例，因為苗芽前中後三剎那的時段即是彼的緣故。

苗芽壞滅的時段可得舉例，因為在苗芽自己的時段過後那一剎那的時段與苗芽的果第一剎那的時段二者都是彼的緣故。

有未來的性相，因為有出生某個實事的因，而由於緣不具足，以至於暫時不生的那一分所屬的無遮即是彼的緣故。

有苗芽的未來的性相，因為有苗芽出生的因，而由於緣不具足，以至於苗芽暫時不生的那一分所屬的無遮即是彼的緣故。

苗芽的未來與苗芽的未來的時段二者是不一樣的，因為這二者是相違的緣故。

應當如此，因為苗芽的因的時段是苗芽的未來的時段[342]，而不是苗芽的未來的緣故；在苗芽的因的時段中苗芽不生的那一分是苗芽的未來，而不是苗芽的未來的時段的緣故。

有過去的性相，因為自己所遮的實事寂滅的那一分所屬的無遮即是彼的緣故。

有苗芽的過去的性相，因為苗芽寂滅的那一分所屬的無遮即是彼的緣故。

苗芽的過去與苗芽的寂滅二者同義。

苗芽的過去與苗芽的過去的時段二者是不一樣的，因為苗芽的果的時段是苗芽的過去的時段，而不是苗芽的過去的緣故；苗芽的寂滅是苗芽的過去，而不是苗芽的過去的時段的緣故。

斷除諍論

1

有人說：「苗芽的過去有法，應當是寂滅，因為是苗芽的寂滅的緣故。

如果說因不成立的話，苗芽的過去有法，應當是苗芽的寂滅，因為是苗芽的過去的緣故。

---

342 **苗芽的未來的時段**　各本皆作「苗芽未來的時段」，然依據上下文成立的周遍關係，應作「苗芽的未來的時段」。今據上下文義改之。

如果承許的話，苗芽的過去有法，應當不是寂滅，因為是非寂滅的事物[343]的緣故。

如果說因不成立的話，苗芽的過去有法，應當是非寂滅的事物，因為未寂滅的緣故。」回答不遍。

如果說因不成立的話，苗芽的過去有法，應當未寂滅，因為是成實的緣故。

◈ 2

有人說：「常法有法，有出生他的因，而由於緣不具足，以至於暫時不生的那一分應當存在，因為他未來存在的緣故。

如果說因不成立的話，常法有法，他未來應當存在，因為他不生存在的緣故。」回答不遍。

如果說因不成立的話，常法有法，他不生應當存在，因為他是不生的緣故。

如果承許前面的宗，常法有法，有出生他的因，而由於緣不具足，以至於暫時不生的那一分應當不存在，因為沒有出生他的因的緣故。

---

343 **非寂滅的事物** 藏文為「མ་ཞིག་པ」，指既不是寂滅，又存在的事物，包含實事與非過去的常法二者。

3

有人說：「過去的時段應當不存在，因為過去自己的時段不存在的緣故。」回答不遍。

如果說因不成立的話，過去有法，他自己的時段應當不存在，因為他是絕離時態的緣故。

如果說因不成立的話，過去有法，他應當是絕離時態，因為是常法的緣故。

周遍，因為常法不容許安立時態的緣故。

4

有人說：「過去的實事應當存在，因為過去的時段存在的緣故。」回答不遍。

5

有人說：「這應當有周遍，因為是時段的話，必須是實事的緣故。」還是回答不遍。

6

有人說：「過去的時段有法，應當不是過去的時段，因為是現在的時段的緣故。

如果說因不成立的話，過去的時段有法，應當是現在的時段，因為是現在與時段二者的緣故。」回答不遍。

因是成立的，因為是時段的緣故。

❀ 7

有人說：「過去的佛陀應當不存在，因為燃燈佛[344]不是彼的緣故。

如果說因不成立的話，燃燈佛有法，應當不是過去的佛陀，因為是現在的佛陀的緣故。

如果說因不成立的話，燃燈佛有法，應當是現在的佛陀，因為是現在與佛陀二者的緣故。」

回答不遍，因為是在現在的時段中已過去的佛陀，所以安立為過去的佛陀的緣故。

❀ 8

「過去的實事應當存在，因為有在現在的時段中已過去的實事的緣故。」回答不遍。

---

344 **燃燈佛** 藏文為「མར་མེ་མཛད」，釋迦世尊處於菩薩位時，為此菩薩授記的佛陀。梵名 Dipaṃkara音譯提和竭羅，又名普光佛、錠光佛、定光佛。為往昔提和衛國（梵文）燈盛王的錠光太子。國王逝世前將國家付囑於太子，太子深感世間無常，國土危脆，所以將國家再交付給弟弟後，就出家修道，成就佛果。錠光佛遊化四方時，曾遇儒童供蓮花等，錠光佛為他授記未來世將成佛，此儒童即後來的釋迦牟尼佛。

9

有人說：「這應當有周遍，因為有在現在的時段中已過去的佛陀，所以安立為過去的佛陀的緣故。」

還是回答不遍，因為這二者的意涵完全不同的緣故。

如果承許前面的宗，過去的實事應當不存在，因為寂滅的實事不存在的緣故。

如果說因不成立的話，寂滅的實事應當不存在，因為死亡的人不存在的緣故。

如果說因不成立的話，死亡的人應當不存在，因為不具有命根的人不存在的緣故。

如果說因不成立的話，不具有命根的人應當不存在，因為不具有命根的補特伽羅不存在的緣故。

應當如此，因為是補特伽羅的話，遍具有命根的緣故。

第十九章
自相共相的單元

導讀

　　從應成、自續派以降，以迄經部、毘婆沙宗，所有內道宗義對於自相、共相二者，各有不同的詮釋角度。以經部宗的觀點而言，不是僅由能詮聲或分別心安立而成，而是它本身在客觀環境中真實地存在，就是自相。自相與實事、勝義諦同義。「勝義諦」中的勝義是指現量，能被現量親自體驗，直接證達，並且能發揮生果作用的事物，便是「勝義諦」。由於現量只能直接證達實事，常法只會被現量間接證達，因此一切實事，都是勝義諦。相對地，共相是指唯由聲音或分別心安立的法，並非在客觀環境中能被現量直接觀察到的實體，而是以可被直接觀察到的現象為基礎，藉由思考推理而確立出的概念性的存在。共相、世俗諦，這些都與常法同義。

　　本單元也提到，任何所知，都具有空間、時間以及自性不相混雜的特性。空間不相混雜，若以無常為例，無常雖然在東西兩方都存在，但是存在於東方的那一分無常，並非存在於西方；存在於西方的那一分無常，也不是存在於東方。時間不相混雜，以無常為例，是指無常雖然在上下午兩個時段都存在，但是存在於上午的那一分無常，不存在於下午，反之亦然。自性不相混雜，同樣以無常為例，雖然在痛苦與安樂當中，同樣都有無常的特性存在，但是存在於痛苦中的那一分無常的特

性，並非存在於安樂中的那一分。其他事物之上這三者的內涵，也以此類推。一切存在的事物，都具有這三種特徵，在《攝類學》當中稱為「境、時自性不相雜」。

本單元提到，任何一法，都能在其上安立各自的遍計所執、依他起、圓成實三者。以色法為例，色法獨立自主的實有成立，這點是色法之上的遍計所執，而色法本身就是色法之上的依他起；色法補特伽羅無我，這是色法之上的圓成實。以證達色法補特伽羅無我的智慧而言，色法之上的依他起是其所緣，色法之上的遍計所執是其所破，色法之上的圓成實則是其所證達的義理。其他每一種所知，都以此類推。這樣的論述，其實隱隱通向唯識見三性的內涵，顯然是作為進修上部宗義的前行基石。

解說自相共相的單元

破除他宗

◎ **1.1**

有人說：「是成實的話，遍是自相。」

那麼無為的虛空有法，應當是自相，因為是成實的緣故。已經承許周遍了。

如果承許的話，那麼無為的虛空有法，應當是自相成立，因為是自相的緣故。

如果承許的話，無為的虛空有法，應當是自相不成立，因為是唯由分別心假立的緣故。

如果說因不成立的話，無為的虛空有法，應當是唯由分別心假立，因為是無為法的緣故。

◎ **1.2**

另外，無為的虛空有法，應當是勝義諦，因為是自相的緣故。

如果承許的話，那麼無為的虛空有法，應當是勝義覺知現量的直接所量，因為是勝義諦的緣故。

如果承許的話，那麼無為的虛空有法，應當是現量的直接所量，因為如此承許的緣故。

不能如此承許，因為是共相的緣故。

如果說不遍的話，這應當有周遍，因為現量的直接所量、自相與實事等是同義的緣故。

🏵 2

有人說：「是唯由分別心假立的話，遍是共相。」

那麼兔子角有法，應當是共相，因為是唯由分別心假立的緣故。已經承許周遍了。

如果承許的話，那麼兔子角有法，應當存在，因為是共相的緣故。

不能如此承許，因為是無的緣故。

🏵 3

有人說：「是境時自性不相雜的法的話，遍是自相。」

那麼所知有法，應當是自相，因為是境時自性不相雜的法的緣故。

應當如此，因為是成實的緣故。

如果承許根本論式的宗，所知有法，應當不是自相，因為不是勝義諦的緣故。

如果說因不成立的話，所知有法，應當不是勝義諦，因為是世俗

諦的緣故。

　　如果說因不成立的話，所知有法，應當是世俗諦，因為是共相的緣故。

❀ 4.1

　　有人說：「是粗分與續流其中一者的話，遍不是自相。」

　　那麼瓶子有法，應當不是自相，因為是粗分與續流其中一者的緣故。已經承許周遍了。

　　如果說因不成立的話，瓶子有法，應當是粗分與續流其中一者，因為是粗分的緣故。

　　如果說因不成立的話，瓶子有法，應當是粗分，因為是眾多極微聚塵的結合體的緣故。

　　如果承許根本論式的宗，瓶子有法，應當是自相，因為是實事的緣故。

❀ 4.2

　　另外，心識有法，應當不是自相，因為是續流的緣故。已經承許周遍了。

　　如果說因不成立的話，心識有法，應當是續流，因為是眾多前後剎那匯聚的續流的緣故。

　　如果說因不成立的話，心識有法，應當是眾多前後剎那匯聚的續流，因為是與心識為一的緣故。

如果承許根本論式的宗，心識有法，應當是自相，因為是勝義諦的緣故。

如果說因不成立的話，心識有法，應當是勝義諦，因為是現量的直接所量的緣故。

如果說不遍的話，這應當有周遍，因為勝義諦、自相與現量的直接所量等是同義的緣故。

5

有人說：「境時自性不相雜的法是自相的性相，而境時自性不相雜的意涵，就像在東方存在的話，在西方遍不存在，是境不相雜的意涵；像在昨天的時段存在的話，在今天的時段遍不存在，是時不相雜的意涵；像隨趣於瓶子[345]的話，遍不隨趣於柱子，是自性不相雜的意涵。」

對於第一者，那麼在東方存在的話，應當有周遍在西方不存在，因為這是境不相雜的意涵的緣故。已經承許因了。

如果承許的話，那麼所知有法，在西方應當不存在，因為在東方存在的緣故。已經承許周遍了。

如果說因不成立的話，所知有法，在東方應當存在，因為東方不是他的遮遣處的緣故。

不能承許根本論式的宗，因為在西方也存在的緣故。

---

345 **隨趣於瓶子** 意指伴隨著瓶子而出現。凡是有瓶子之處就有它，這樣的事物便是隨趣於瓶子。

如果說因不成立的話，所知有法，在西方應當存在，因為西方不是他的遮遣處的緣故。

對於第二者，那麼對你而言，隨趣於瓶子的話，遍不隨趣於柱子；隨趣於柱子的話，遍不隨趣於瓶子，這二者都應當存在，因為這是自性不相雜的意涵的緣故。已經承許因了。

如果承許的話，那麼實事有法，應當不隨趣於柱子，因為隨趣於瓶子的緣故。已經承許周遍了。

如果說因不成立的話，實事有法，應當隨趣於瓶子[346]，因為是瓶子的總的緣故。

不能承許根本論式的宗，因為隨趣於柱子的緣故。

如果說因不成立的話，實事有法，應當隨趣於柱子，因為是柱子的總的緣故。

對於第三者，那麼在昨天的時段存在的話，應當有周遍在今天的時段不存在，因為這是時不相雜的意涵的緣故。已經承許因了。

如果承許的話，那麼常法有法，應當在今天的時段不存在，因為在昨天的時段存在的緣故。已經承許因與周遍了。

不能如此承許，因為在今天的時段存在的緣故。

應當如此，因為是與常法為一的緣故。

---

346 **應當隨趣於瓶子**　各莫本作「應當隨趣瓶子」。又拉寺本、果芒本、民族本皆作「應當隨趣於瓶子」，應為各莫本漏一「於」字，故依拉寺等本補之。

6

有人說：「執取所知的分別心有法，應當是共相，因為是世俗諦[347]的緣故。

如果說因不成立的話，執取所知的分別心有法，應當是世俗諦，因為是『世俗諦』字面的世俗的緣故。」回答不遍。

因是成立的，因為是將「世俗諦」字面的世俗解作分別心，而所知在其境中存在，所以說其名為世俗諦的緣故。

如果承許根本論式的宗，那麼將共相作為顯現境的現量應當存在，因為執取所知的分別心是共相，而且將之作為顯現境的現量存在的緣故。已經承許第一個因了。

如果說第二個因不成立的話，執取所知的分別心有法，將他作為顯現境的現量應當存在，因為領受他的自證即是彼的緣故。

應當如此，因為他是心識的緣故。

如果承許根本論式的宗，那麼共相有法，應當是勝義諦，因為將他作為顯現境的現量存在的緣故。已經承許因了。

不能如此承許，因為是世俗諦的緣故。

應當如此，因為世俗諦與共相二者是同義的緣故。

---

347 **因為是世俗諦**　各莫本作「因為不是世俗諦」，上下文義無法連貫，又拉寺本、果芒本、民族本皆作「因為是世俗諦」，故依拉寺等本改之。

◈ 7

有人說：「是虛空之上的依他起[348]的話，遍是依他起。」

那麼虛空有法，應當是依他起，因為是虛空之上的依他起的緣故。已經承許周遍了。

如果說因不成立的話，虛空有法，他應當是他之上的依他起，因為他是成實的緣故。

如果承許根本論式的宗，虛空有法，應當不是依他起，因為不是實事的緣故。

如果說不遍的話，這應當有周遍，因為實事、依他起與自相等是同義的緣故。

◈ 8

有人說：「虛空有法，應當不是虛空之上的依他起，因為是虛空之上的遍計所執[349]的緣故。

如果說因不成立的話，虛空有法，應當是虛空之上的遍計所執，因為是虛空之上的唯由分別心假立的法的緣故。」回答不遍[350]。

---

348 **虛空之上的依他起** 藏文為「ནམ་མཁའི་སྟེང་གི་གཞན་དབང་」，指虛空。義為以虛空作為抉擇有無「能獨立的實有」的觀察對象。

349 **虛空之上的遍計所執** 藏文為「ནམ་མཁའི་སྟེང་གི་ཀུན་བཏགས་」，指虛空之上的能獨立的實有。義為經由教理抉擇有無「能獨立的實有」後，在虛空之上被否定的事物。

350 **虛空有法，應當是虛空之上的遍計所執，因為是虛空之上的唯由分別心假立的法的緣故。」回答不遍** 他宗認為唯由分別心假立，又不是圓成實的法，都歸入遍計所執。因此虛空是虛空之上的唯由分別心假立的法，又不是虛空之上的圓成實，應當要是虛空之上的遍計所執。但是自

安立自宗

不是唯由聲音、分別心假立，而是自相成立的法，是自相的性相。

自相、勝義諦、依他起與現量的直接境等同義。

有其事相，因為境時自性不相雜的實事都是彼的緣故。

色法有法，有他名為「自相」的原因，因為是不觀待於斷除所遮與透由義共相等等，而可以在現量的體性中現起的法，所以才這麼稱呼的緣故。

有境時自性不相雜的意涵，因為其實事雖然在東西二處都存在，但是存在於東方的那一分不存在於西方，這是境不相雜的意涵；其實事雖然在今天的上午與下午兩個時段都存在，但是存在於上午的時段的那一分，不存在於下午的時段，這是時不相雜的意涵；其實事雖然隨趣於金瓶與銅瓶二者，但是隨趣於金瓶的那一分不是隨趣於銅瓶，這是自性不相雜的意涵的緣故。

有勝義諦的性相，因為在勝義中能作用的法即是彼的緣故。

勝義諦與諦實成立二者同義。

有其事相，因為一切實事都是彼的緣故。

宗認為任何法之上的遍計所執，已特指為任何法之上的能獨立的實有。所以他宗以此論式問難，自宗才回答不遍。

有依他起的性相，因為藉由他緣之力而出生，非由自主出生的實事即是彼的緣故。

依他起與生無自性性[351]二者同義。

有其事相，因為色法即是彼的緣故。

每個法之上各有其依他起的安立方式[352]，因為就像色法是色法之上的依他起，乃至遍智是遍智之上的依他起，一切諸法同理可推的緣故。

有共相的性相，因為唯由聲音、分別心假立，而非自相成立的法即是彼的緣故。

共相與世俗諦二者同義。

共相分為兩種，因為有遍計所執與圓成實二者的緣故。

每個法之上各有其遍計所執的安立方式，因為就像「色法能獨立的實有成立」是色法之上的遍計所執，乃至「遍智能獨立的實有成立」是遍智之上的遍計所執，一切諸法同理可推的緣故。

每個法之上各有其圓成實的安立方式，因為就像「遍智補特伽羅我不成立」是遍智之上的圓成實，一切諸法同理可推的緣故。

---

351 **生無自性性** 藏文為「སྐྱེ་བ་རང་བཞིན་མེད་པ」，此詞為唯識宗與此處經部宗通用的法相名詞，意指自己不會從與自己體性一的事物出生，而必然是從與自己不同體性的事物出生，任何實事皆屬之。

352 **每個法之上各有其依他起的安立方式** 各莫本原作「每個法之上的依他起有彼安立的方式」，而拉寺本、果芒本、民族本皆作「每個法之上各有其依他起的安立方式」，於義為勝，故依拉寺等本譯出。

斷除諍論

1

有人說：「色法有法，應當是自相，因為是自相成立的緣故。已經承許因了。

如果承許的話，色法有法，應當是自己的性相，因為是自相的緣故。」回答不遍。

不能如此承許，因為對此回答承許，則理應推算為「承許色法是色法的性相」，然而不宜如此回答承許的緣故。

2

有人說：「回答承許『色法有法，應當是由自己的性相成立，因為是自相的緣故』這個應成的所顯法，則應該推算為『承許色法是由色法的性相成立』，因為其推算的方式合理的緣故。

如果承許的話，應當不宜回答承許這種應成的所顯法，因為色法不是由色法的性相成立的緣故。」

因是不成立的，因為色法是由色法的性相成立的緣故。

應當如此，因為色法是由色法的自性成立的緣故。

★ 3

有人說：「所知有法，應當是世俗諦，因為是共相的緣故。

如果承許的話，所知有法，應當不是世俗諦，因為世俗是虛妄的

緣故[353]。」回答不遍。

　　如果說因不成立的話，所知有法，世俗應當是虛妄，因為世俗是世俗的緣故。

❀ 4

　　有人說：「粗分有法，應當是自相，因為是勝義諦的緣故。

　　如果說因不成立的話，粗分有法，應當是勝義諦，因為存在，而且是他的話，遍是勝義諦的緣故。」回答不遍。

　　如果承許的話，那麼粗分有法，應當在現量的體性中存在，因為是勝義諦的緣故。

　　如果承許的話，那麼粗分有法，他的行相在現量的顯現面當中應當有現起的方式，因為他在現量的體性中存在的緣故。

---

353 **所知有法，應當不是世俗諦，因為世俗是虛妄的緣故**　此應成中「世俗諦」一詞，藏文為「ཀུན་རྫོབ་བདེན་པ」，是世俗與真諦兩詞的複合詞。從藏文的表達方式來說，一般只以一個詞來理解。但攝類學中有時會將複合詞拆開來理解，如「ཀུན་རྫོབ་བདེན་པ」一詞，後面加上「མ་ཡིན་པ」，除了理解作「不是世俗諦」，也可以理解為「世俗不是真諦」。因受限於中文表達方式，以第一種方式譯出。在此，他宗想藉由轉換理解方式，透過「世俗是虛妄」的觀點，用無效有法的概念，令自宗承許「所知有法，世俗應當不是真諦」這個應成的所顯法。由於上述所說，「世俗不是真諦」與「不是世俗諦」兩者藏文是相同的緣故，所以「所知有法，世俗應當不是真諦」與「所知有法，應當不是世俗諦」這兩個應成的藏文也是相同的字句。因此，假若自宗承許「所知有法，世俗應當不是真諦」時，在藏文上也可理解為「所知有法，應當不是世俗諦」。他宗就能造成自宗自相矛盾的回答，接著就可以質疑自宗「所知有法，應當不是常法，因為不是世俗諦的緣故」。值得注意的是，他宗一開始提出的論式是正常的論式，而如果按照他宗想要表達的內容，此處的「所知有法」就會成為無效有法，導致此論式變成對所顯法而言是無效有法的應成論式。基於這些理由，自宗對於「所知有法，應當不是世俗諦，因為世俗是虛妄的緣故」這個應成的所顯法不以無效有法來理解。但這個應成的因，一定要以無效有法來理解，所以自宗在此回答不遍。

不能如此承許，因為他的行相在現量的顯現面當中沒有現起的方式的緣故。

應當如此，因為「他的支分與具支分為異」在現量的顯現面當中沒有現起的方式的緣故。

如果說因不成立的話，粗分有法，「他的支分與具支分為異」在現量的顯現面當中應當不容現起，因為「他的支分與具支分為異」是共相的緣故。

如果說不遍的話，這應當有周遍，因為是以共相作為顯現境的覺知的話，遍是錯亂識的緣故。

❀ 5

有人說：「粗分應當是自相，因為粗分藍色是自相的緣故。

如果說因不成立的話，粗分藍色應當是自相，因為粗分色法是自相的緣故。

如果說因不成立的話，粗分色法應當是自相，因為色法是自相，而且粗分色法存在的緣故。」回答不遍。

因是成立的，因為粗分色法是共相的緣故。

第二十章
除遣趣入與成立趣入的單元

導讀

　　〈除遣趣入與成立趣入〉源自於《釋量論》中：「比量亦緣法，決定一法時，應緣一切法，遮遣無此過。」意指比量證達某一法時，如果是以成立趣入的方式證達，那麼這一法之上的一切法也都應該被緣取；而如果比量是以除遣的方式趣入自己的境，則沒有這樣的過失。由此而探討除遣趣入與成立趣入的內涵，因此名為〈除遣趣入與成立趣入〉。

　　除遣趣入與成立趣入，是心識與能詮聲趣入各自的對境時的兩大途徑。任何能詮聲與分別心，一定是除遣趣入自己的對境；相對地，凡是無分別的心識，都是成立趣入自己的對境。

　　成立趣入是指以客觀映現的方式趣入自己的對境。若以看見樹木的眼識為例，當自己睜開雙眼面對著樹木時，樹木的景象自然會映入自己的眼簾，不須刻意尋覓。相同地，聽到聲音、聞到氣味時，也會感受到聲音傳入耳朵，氣味飄進鼻子，對於感受這一切的心識而言，對境是從外在主動前來，自己是被動地接收。所有無分別的心識，都是以這種方式面對自己的境。

　　除遣趣入則是指以主動尋覓的方式趣入自己的對境。以緣著瓶子的分別心為例，是在森然萬境中主動探尋瓶子的內涵，排除所有不是瓶子的其他事物之後，刻意緣取瓶子；而不是瓶子主動映入內心。所有的分

別心，都以此類推。

　　至於能詮聲之所以也是除遣趣入，是因為無論說出任何一句話，說話前必定先產生動機，作意自己所要說的話，經過動機的策動而說出所想的內容。而發動語言的動機，一定是分別心。所以語言表達事物的方式，其實是分別心理解對境的體現，這兩者對於自己的境，除遣趣入的方式是相同的。

　　針對這些內容，進一步可以探討，如果能詮聲都是除遣趣入，佛語是否也是如此？佛語既然詮釋了一切法，有什麼是被佛語排除的？除遣趣入與成立趣入二者，是否包含了有境面對各自的境的所有途徑？若是如此，那麼以補特伽羅或者眼根為例，是以哪一種方式趣入自己的境？思考這些命題，有助於深入了解有境趣入境的過程。

解說除遣趣入與成立趣入的單元

破除他宗

❀ **1.1**

有人說：「是有境的話，遍是除遣趣入與成立趣入其中一者。」

那麼補特伽羅有法，應當是除遣趣入與成立趣入其中一者，因為是有境的緣故。已經承許周遍了。

如果承許的話，補特伽羅有法，應當不是除遣趣入與成立趣入其中一者，因為不是除遣趣入，而且也不是成立趣入的緣故。

每個因都成立，因為是補特伽羅的緣故。

❀ **1.2**

另外，眼根有法，應當是除遣趣入與成立趣入其中一者，因為是有境的緣故。已經承許周遍了。

如果承許的話，眼根有法，應當不是除遣趣入與成立趣入其中一者，因為是具色根的緣故。

2

有人說：「是『瓶子』的聲音所趣入事的話，遍是與瓶子為一，這就是『瓶子』的聲音除遣趣入瓶子的意涵。」

那麼是『瓶子』的聲音所趣入事的話，應當遍是與瓶子為一，因為這樣的周遍，是『瓶子』的聲音除遣趣入瓶子的意涵的緣故。

如果承許的話，那麼金瓶有法，應當是與瓶子為一，因為是『瓶子』的聲音所趣入事的緣故。已經承許周遍了。

如果說因不成立的話，金瓶有法，應當是『瓶子』的聲音所趣入事，因為是瓶子的緣故。

如果說不遍的話，這應當有周遍，因為是所知的話，遍是『所知』的聲音所趣入事的緣故。

應當如此因為「所知」的聲音所不趣入的所知不存在的緣故。

3

有人說：「是執取瓶子的分別心的耽著境的話，遍是詮說『瓶子』的聲音所趣入事[354]；是詮說『瓶子』的聲音所趣入事的話，遍是執取瓶子的分別心的耽著境，這就是以聲音、分別心除遣趣入瓶子[355]的意涵。」

---

354 **詮說瓶子的聲音所趣入事** 藏文為「དུམ་པ་ཞེས་བརྗོད་པའི་སྒྲའི་འཇུག་གཞི」，指「詮說『瓶』的聲音所要指示的事物」，這個事物包含一切的瓶子，因為任何瓶子皆可稱呼為「瓶子」。

355 **以聲音分別心除遣趣入瓶子** 原文在此句之前多一「詮說瓶子的聲音」，按，「詮說瓶子的聲音」並非分別心，無法以分別心的方式除遣趣入瓶子。依如月格西解釋，「詮說瓶子的聲音」疑衍，故不譯出。

那麼金瓶有法，應當是執取瓶子的分別心的耽著境，因為是詮說瓶子的聲音所趣入事的緣故。已經承許周遍了。

如果承許的話，那麼是瓶子的話，應當遍是執取瓶子的分別心的耽著境，因為金瓶是執取瓶子的分別心的耽著境的緣故。

如果承許的話，那麼是所知的話，應當遍是執取所知的分別心的耽著境，因為是瓶子的話，遍是執取瓶子的分別心的耽著境的緣故。已經承許因了。

不能如此承許，因為是補特伽羅無我的緣故。

❀ 4

有人說：「是執取瓶子的分別心的耽著境的話，遍是與瓶子為一，這就是執取瓶子的分別心除遣趣入瓶子的意涵。」

那麼瓶子是瓶子有法，應當是與瓶子為一，因為是執取瓶子的分別心的耽著境的緣故。已經承許周遍了。

如果說因不成立的話，瓶子是瓶子有法，應當是執取瓶了的分別心的耽著境，因為是執取瓶子的分別心的執取相境的緣故。

如果說因不成立的話，瓶子是瓶子有法，應當是執取瓶子的分別心的執取相境，因為執取瓶子的分別心是將他作為執取相境而直接證達的覺知的緣故。

如果說因不成立的話，執取瓶子的分別心有法，他應當是將瓶子是瓶子作為執取相境而直接證達的覺知，因為他是將瓶子作為執取相境而直接證達的覺知的緣故。

如果說因不成立的話，執取瓶子的分別心有法，他應當是將瓶子作為執取相境而直接證達的覺知，因為他是證達瓶子的分別心的緣故。

如果承許根本論式的宗，瓶子是瓶子有法，應當不是與瓶子為一，因為是與瓶子為異的緣故。

❀ 5.1

對此有人說：「除遣趣入的意涵是指區分出支分而趣入，而區分出支分而趣入的意涵，是將其法的一些支分作為境，一些則不作為境。」

那麼分別心有法，他應當是將一些所知的支分作為境，而一些則不作為境，因為他是區分出支分而趣入所知的緣故。

應當如此，因為他是除遣趣入所知的緣故。

如果說因不成立的話，分別心有法，他應當是除遣趣入所知，因為他是趣入所知，而且是分別心的緣故。

如果承許根本論式的宗，那麼分別心有法，不被他作為境的一些所知的支分應當存在，因為他是將一些所知的支分作為境，一些則不作為境的緣故。

如果承許的話，那麼是成實的話，應當不遍是分別心的境，因為如此承許的緣故。

不能如此承許，因為是成實的話，遍是分別心的境的緣故。

應當如此，因為是成實的話，遍是分別心的耽著境的緣故。

5.2

另外，分別心應當將一些色法的支分作為境，一些則不作為境而趣入色法，因為分別心是除遣趣入色法，而且除遣趣入的意涵即是彼的緣故。已經承許因了。

如果承許的話，那麼不被分別心作為境的一些色法的支分應當存在，因為分別心是將一些色法的支分作為境，一些則不作為境的緣故。

6

有人說：「是成立趣入的覺知的話，遍是現量。」

那麼顯現雪山為藍色的根識有法，應當是現量，因為是成立趣入的覺知的緣故。已經承許周遍了。

如果說因不成立的話，顯現雪山為藍色的根識有法，應當是成立趣入的覺知，因為是成立趣入自境的覺知的緣故。

如果說因不成立的話，顯現雪山為藍色的根識有法，應當是成立趣入自境的覺知，因為是不分別的覺知的緣故。

如果說不遍的話，這應當有周遍，因為是不分別的覺知的話，遍是趣入自境，而且遍不是除遣趣入自境的緣故。

有周遍，因為能詮聲與覺知二者在趣入自境時，除了除遣趣入與成立趣入任一之外，沒有趣入自境的方式的緣故。

7

有人說：「趣入自境所屬的除遣法的話，遍是除遣趣入；趣入自境所屬的成立法的話，遍是成立趣入。」

對於第一者，那麼現證聲音為無常的量有法，應當是除遣趣入，因為趣入自境所屬的除遣法的緣故。已經承許周遍了。

如果說因不成立的話，現證聲音為無常的量有法，應當趣入自境所屬的除遣法，因為他趣入聲音無常，而且聲音無常是他的境所屬的除遣法的緣故。

如果說第一個因不成立的話，現證聲音為無常的量有法，他應當趣入聲音無常，因為他是現證聲音無常的覺知的緣故。

如果說第二個因不成立的話，聲音無常有法，他應當是現證聲音為無常的量的境所屬的除遣法，因為他是現證聲音為無常的量的境與除遣法二者的共同事的緣故。

如果說第一個因不成立的話，聲音無常有法，他應當是現證他的量的境，因為他是實事的緣故。

如果說第二個因不成立的話，聲音無常有法，應當是除遣法，因為是遮破法的緣故。

應當如此，因為是非遮的緣故。

對於前面第二者[356]，那麼執取色法的分別心有法，應當是成立趣入，因為趣入自境所屬的成立法的緣故。已經承許周遍了。

---

356 **對於前面第二者** 　各本皆作「對於前面第二個因」，上下文義無法連貫。上下連讀應當理解為「對於前面第二個立宗」，故改之。

如果說因不成立的話，執取色法的分別心有法，應當趣入自境所屬的成立法，因為趣入色法，而且色法是他的境所屬的成立法的緣故。

如果說第一個因不成立的話，色法有法，執取他的分別心應當趣入他，因為他是無我的緣故。

如果說第二個因不成立的話，色法有法，應當是執取色法的分別心的境所屬的成立法，因為是執取色法的分別心的境，而且是成立法的緣故。

如果說第一個因不成立的話，色法有法，他應當是執取他的分別心的境，因為他是無我的緣故。

如果說第二個因不成立的話，色法有法，應當是成立法，因為是與色法為一的緣故。

如果承許前面的宗，執取色法的分別心有法，應當不是成立趣入，因為是除遣趣入的緣故。

如果說因不成立的話，執取色法的分別心有法，應當是除遣趣入，因為是能詮聲與分別心其中一者的緣故。

⊛ 8.1

有人說：「有成立趣入色法的意涵，因為將色法的一切支分作為境而趣入色法即是彼的緣故。」

那麼分別心有法，應當是成立趣入色法，因為是將色法的一切支分作為境而趣入色法的緣故。

如果說因不成立的話，分別心有法，他應當將色法的一切支分作為境而趣入色法，因為色法的一切支分都是他的境，而且他趣入色法的緣故。

如果說第一個因不成立的話，色法的一切支分有法，應當都是分別心的境，因為是成實的緣故。

如果說第二個因不成立的話，分別心有法，應當趣入色法，因為色法是他的趣入境的緣故。

如果說因不成立的話，色法有法，應當是分別心的趣入境，因為是分別心的耽著境的緣故。

應當如此，因為是成實的緣故。

8.2

另外，《現觀莊嚴論》有法，應當是成立趣入八事[357]，因為是將八事的一切支分作為境而趣入彼的緣故。

應當如此，因為八事的一切支分都是他的境的緣故。

應當如此，因為一切諸法都是他的境的緣故。

應當如此，因為一切諸法都是他的所詮的緣故。

如果承許根本論式的宗，《現觀莊嚴論》有法，應當不是成立趣入八事，因為不是成立趣入的緣故。

---

357 **八事**　藏文為「 don po brgyad」，指：一、遍智；二、道智；三、基智；四、圓滿一切相現觀；五、頂現觀；六、漸次現觀；七、剎那現觀；八、法身。此八事是《現觀莊嚴論》主要的所詮。

如果說因不成立的話，《現觀莊嚴論》有法，應當不是成立趣入，因為是除遣趣入的緣故。

應當如此，因為是能詮聲的緣故[358]。

◉ 9

有人說：「是成立趣入藍色的覺知的話，遍是將一切與藍色為實質一的事物作為境而趣入藍色的覺知。」

那麼執藍眼識有法，應當是將一切與藍色為實質一的事物作為境而趣入藍色的覺知，因為是成立趣入藍色的覺知的緣故。已經承許周遍了。

如果說因不成立的話，執藍眼識有法，應當是成立趣入藍色的覺知，因為是執藍根現識[359]的緣故。

如果承許根本論式的宗，那麼執藍眼識有法，他應當將藍色的香、味、觸三者作為境而趣入藍色[360]，因為是將一切與藍色為實質一的事物作為境而趣入彼，而且這三者是與藍色為實質一的緣故。已經承許第一個因了。

　　如果說後面的因不成立的話，藍色有法，他的香、味、觸三者應當是與他為實質一，因為他是聚八塵質的結合體的緣故。

安立自宗

　　由直接的力量趣入自境的覺知是成立趣入自境的覺知的性相。

　　由直接的力量趣入自境、由成立的行相趣入自境與成立趣入自境的覺知三者同義。

　　成立趣入的覺知分為兩種，因為有顛倒與非顛倒的成立趣入二者的緣故。

　　因為顯現雪山為藍色的根識是顛倒的成立趣入，執藍根現識是非顛倒的成立趣入的緣故。

　　有除遣趣入的性相，因為由主觀的力量趣入自境即是彼的緣故。

　　除遣趣入分為兩種，因為有能詮聲與分別心二者的緣故。

　　有執取瓶子的分別心除遣趣入瓶子的方式，因為他必須由否定非瓶而趣入瓶子的緣故。

　　有詮說「瓶柱二者」的聲音除遣趣入瓶柱二者的方式，因為他必須由否定非瓶柱二者而詮說瓶柱二者即是彼的緣故。

　　由除遣的行相趣入自境、由遮破的行相趣入自境與除遣趣入自境的覺知三者同義。

斷除諍論

1

有人說：「執聲耳識有法，是他的話，應當遍是將一切與聲音為成住同一實質的事物作為境而趣入聲音的覺知，因為是他的話，遍是成立趣入聲音的覺知的緣故。

如果說因不成立的話，執聲耳識有法，是他的話，應當遍是成立趣入聲音的覺知，因為是他的話，遍是現前將聲音作為顯現境而趣入聲音的覺知的緣故。

如果承許根本論式的宗，那麼數論師相續中的執聲耳識有法，他應當將一切與聲音為成住同一實質的事物作為顯現境而趣入聲音，因為他是執聲耳識的緣故。已經承許周遍了。

大乘的見道是趣入自境，因為是道種智的緣故。

如果說因不成立的話，大乘的見道有法，應當是道種智，因為是成辦自己的三種種姓所化一切所欲求義的大乘聖者現觀的緣故。

因為如《現觀莊嚴論》說：『利益眾生的菩薩們，由道種智成辦世間的利益』的緣故。

如果承許前面的宗，數論師相續中的執聲耳識有法，他應當是顯現聲音無常的覺知，因為他是顯現一切與聲音為成住同一實質的事物的覺知，而且聲音無常是與聲音為成住同一實質的緣故。已經承許第一個因了。

如果說後面的因不成立的話，聲音有法，他無常應當是與他為成住同一實質，因為他是實事的緣故。

如果承許前面的宗，數論師相續中的執聲耳識有法，他應當是證達聲音無常的覺知，因為他是顯現聲音無常的覺知的緣故。」回答不遍。

那麼對你而言，顯現一個月亮為兩個月亮的根識有法，他應當是證達一個月亮為兩個月亮的覺知，因為他是顯現一個月亮為兩個月亮的覺知的緣故。符合周遍。

如果說因不成立的話，顯現一個月亮為兩個月亮的根識有法，他應當是顯現一個月亮為兩個月亮的覺知，因為他是將一個月亮看為兩個月亮的覺知的緣故。

第二十一章
詮類聲與詮聚聲的單元

導讀

本單元介紹各種不同的能詮聲。

能詮聲，是指藉由名言的力量而傳達自己的境的聲音，亦即敘述某一內容的聲音；而藉由名言的力量而理解的內容，即是所詮，亦即所敘述的內容。

詮類聲與詮聚聲，是從所詮而作分類，詮釋某個類總的聲音，稱為詮類聲；詮釋某個聚總的聲音，則稱為詮聚聲。類總與總同義，聚總則是指粗分的色法，因此，以顏色為例，顏色既是總，也是粗分的色法，因此詮說「顏色」的聲音，既是詮類聲也是詮聚聲。但是並非所有事物都同時是總與粗分的色法，所以詮類聲與詮聚聲二者之間，也有四句型的關係。

從另一個角度，能詮聲又可分為詮特法聲與詮有法聲，前者是描述某個事物的特徵，後者則是描述具有該特徵的事物本體。

雖然如此，但是同一句話，既可以是詮特法聲，也可以是詮有法聲，這二者的安立方式，只是基於不同的角度。以詮說「聲音無常」的聲音為例，從「無常」的角度而言，這句話是詮說特法的聲音，因為這句話描述出「無常」，而在這句話當中，「無常」是「聲音」的特徵，「聲音」則是具有「無常」這一特徵的事物。也因此，從「聲音」的角

度而言，這句話又可以是詮說有法的聲音。這兩種能詮聲，並非壁壘分明，截然不同。

另外，能詮聲又可分名、句與文字三者。雖然一般而言這三者並不相違，有很多共通之處，但是當這三者並列時，「名」是不會涉及事物的特徵，僅僅表達事物體性的聲音，亦即最基本的單詞。例如詮說「房屋」的聲音，僅表達出房屋本體，並未描述出房屋的特徵。

同樣地，當這三者並列時，「句」是結合了某個事物的本體與特徵而作描述的聲音，例如詮說「老舊房屋」的聲音，不但詮說出「房屋」，也描述出其老舊的特徵。

第三個是「文字」，當三者並列時，這是專指構成語言的基礎元素，亦即聲母與韻母。

藏傳佛教認為名、句、文字三者都是一種聲音，這與古來中華民族對語言文字的認識有所不同。一般習慣認為文字是紀錄聲音的符號，並非聲音。藏族學者毛爾蓋桑木丹曾說：「漢人認為只有文字的形狀才是文字，因為文字是將語言賦予外型而具體形象化的一種符號，不認同文字是一種聲音的說法。」

除此之外，由於語法虛字的特性，能詮聲還可以分出否定餘者具有、否定不具有，以及否定不容有三者。

否定餘者具有的聲音，主要的作用是排除其他事物是某個事物的可能性。例如「只有是所知才會是實事」這句話，排除了所知以外其他事物會是實事的可能性，而強調出只有是所知才會是實事。但是這句話並沒有表示所知一定要是實事。

　　否定不具有的聲音，則不特別排除其他事物，而是強調某個事物一定是另一個事物。以「聲音只會是存在」這句話為例，只否定了聲音不存在，而強調聲音一定是存在，但是這句話並不會排除其他事物是存在的可能。

　　雖然否定餘者具有的聲音與否定不具有的聲音，二者描述的面向不同，但是二者其實並非相違，以「唯有實事只會是無常」這句話為例，不但否定了實事以外其他事物會是無常的可能，說明只有實事才會是無常；並且也否定了實事不是無常，而強調凡是實事必然是無常，因此這句話既是否定餘者具有，也是否定不具有。

　　第三種是否定不容有的聲音，這種描述方式是否定不可能，而強調其可能性。以「蓮花一定可能是紅色」這句話為例，這句話並未提及其他事物能不能是紅色，僅僅排除了蓮花不可能是紅色這點，而強調蓮花一定有可能是紅色。相較於前二者，這種表達方式的強調力度最弱。

　　透過這些主題的闡述，可以深入了解《因明學》中會涉及到的各種語言表達的面向，進一步也可以藉此一窺梵文與藏文語法的特性。

解說詮類聲與詮聚聲的單元

破除他宗

1

有人說：「是能詮聲的話，遍是詮類聲。」

那麼詮說「與瓶子為一」的聲音有法，應當是詮類聲，因為是能詮聲的緣故。已經承許周遍了。

如果承許的話，與瓶子為一有法，詮說他的聲音應當不是詮類聲，因為他不是類總的緣故。

應當如此，因為他的別不存在的緣故。

2

有人說：「詮類聲與詮聚聲二者是相違。」

這應當是不合理的，因為詮說「瓶子」的聲音是這二者的共同事的緣故。

如果說因不成立的話，詮說「瓶子」的聲音有法，應當是詮類聲與詮聚聲二者，因為是詮類聲，而且也是詮聚聲的緣故。

如果說第一個因不成立的話，瓶子有法，詮說他的聲音應當是詮

類聲，因為他是類總的緣故。

　　如果說第二個因不成立的話，瓶子有法，詮說他的聲音應當是詮聚聲，因為他是聚總的緣故。

❀ 3

　　有人說：「是能詮聲的話，遍是詮類聲與詮聚聲其中一者。」

　　這應當不合理，因為詮說「常法實事二者」的聲音不是詮類聲與詮聚聲二者其中一者的緣故。

　　如果說因不成立的話，常法實事二者有法，詮說他的聲音應當不是詮類聲與詮聚聲其中一者，因為他不是類總與聚總任何一者的緣故。

❀ 4

　　有人說：「詮特法聲與詮有法聲二者是相違。」

　　這應當不合理，因為詮說「聲音無常」的聲音是這二者的共同事的緣故。

　　如果說因不成立的話，詮說「聲音無常」的聲音有法，應當是詮特法聲與詮有法聲二者，因為既是詮特法聲，而且也是詮有法聲的緣故。

　　如果說第一個因不成立的話，詮說「聲音無常」的聲音有法，應當是詮特法聲，因為觀待於無常是詮特法聲的緣故。

　　如果說因不成立的話，詮說「聲音無常」的聲音有法，觀待於無

常應當是詮特法聲，因為是將「聲音」作為差別事[361]，「無常」作為其差別法[362]而詮說的緣故。

應當如此，因為詮說「小嘴石磨之身[363]」的這個聲音，是將「身」作為差別事，小嘴石磨作為其差別法而詮說的聲音的緣故。

應當如此，因為當聽者只理解「身」時，說者為了藉由詮說「小嘴石磨之身」，而區別人天等等其他眾生的身體的緣故，因此詮說「小嘴石磨之身」的緣故。

如果說第二個因不成立的話，詮說「聲音無常」的聲音有法，應當是詮有法聲，因為觀待於聲音是詮有法聲的緣故。

應當如此，因為是將「聲音」作為差別事，「無常」作為其差別法而詮說的緣故。

應當如此，因為是將「聲音」作為是不是常法的觀擇事，而詮說聲音是無常的緣故。

因為就像詮說「黃牛不是馬」的聲音這個例子，是將「黃牛」作為差別事，「不是馬」作為其差別法而詮說的緣故。

---

361 **差別事** 藏文為「ཁྱད་གཞི」，指具備某一特徵的事物本體。

362 **差別法** 藏文為「ཁྱད་ཆོས」，指該事物本體所具備的特徵。

363 **石磨之身** 藏文為「མཐུ་གུའི་ལུས」，此詞在藏文相當難解，哲蚌赤巴仁波切依據辨了不了義釋論解釋，此詞或為「མཆི་གུ」，蓋指藏地一種磨糌粑用的手動石磨的名稱，「石磨之身」即是那種石磨本身。如月格西則指出，此詞在字面上具有「小嘴」之義，可能為對該石磨外形之描述。

◎ 5

有人說：「一般而言詮特法聲與詮有法聲二者雖然不相違[364]，但是觀待於一個事物，則此二者是相違。」

這應當不合理，因為觀待於一個事物，這二者的共同事存在的緣故。

應當如此，因為觀待於所作一者，這二者的共同事存在的緣故。

應當如此，因為詮說「所作是所作」的聲音即是彼的緣故。

如果說因不成立的話，詮說「所作是所作」的聲音有法，他觀待於所作應當是詮特法聲與詮有法聲二者，因為他觀待於所作是詮特法聲，而且他觀待於所作也是詮有法聲的緣故。每個因都容易理解。

◎ 6

有人說：「是此法的名字的話，遍是此法的實名。」

那麼將瓶子詮說為「所知」的聲音有法，他應當是瓶子的實名，因為是瓶子的名字的緣故。已經承許周遍了。

如果說因不成立的話，將瓶子詮說為「所知」的聲音有法，他應當是瓶子的名字，因為他是瓶子的總名的緣故。

如果說因不成立的話，瓶子有法，將他詮說為「所知」的聲音應當是他的總名，因為他是實事的緣故。

如果承許根本論式的宗，將瓶子詮說為「所知」的聲音有法，應

---

364 **一般而言詮特法聲與詮有法聲二者雖然不相違** 民族本作「一般而言詮特法聲與聲音二者雖然不相違」，上下文義無法連貫，應誤。

當不是瓶子的實名，因為依著他不能對瓶子有不共的理解的緣故。

應當如此，因為在詮說「所知」的聲音所趣入的趣入事當中，是瓶與非瓶都為數眾多的緣故。

7

有人說：「是此法的名字的話，遍趣入此法。」

那麼稱大力士為「獅子」的名字有法，他應當趣入大力士，因為是大力士的名字的緣故。

應當如此，因為是大力士的假名的緣故。

應當如此，因為是以大力士為原因而係屬的假名的緣故。

應當如此，因為是以力氣大作為原因而取名為獅子的緣故。

如果承許根本論式的宗，大力士有法，稱他為「獅子」的名字不趣入他，因為他不是稱為獅子的名字的趣入事的緣故。

應當如此，因為他不是獅子的緣故。

8

有人說：「只顯示意涵的體性的聲音，是名的性相；結合意涵的體性與差別而顯示的聲音，是句的性相；名句二者是相違。」

那麼詮說「聲音無常」的聲音有法，應當不是名，因為是句的緣故。已經承許周遍了。

如果說因不成立的話，詮說「聲音無常」的聲音有法，應當是句，因為是結合意涵的體性與差別而顯示的聲音的緣故。

　　如果說因不成立的話，詮說「聲音無常」的聲音有法，應當是結合意涵的體性與差別而顯示的聲音，因為是將意涵的體性——「聲音」，與差別——「無常」二者結合而顯示的聲音的緣故。

　　如果承許根本論式的宗，詮說「聲音無常」的聲音有法，應當是名，因為是聲音無常的名字的緣故。

◉ 9

　　有人說：「是文字的話，遍不是名。」

　　那麼詮說「牛」的聲音有法，應當不是名，因為是文字緣故。已經承許周遍了。

　　如果承許的話，詮說「牛」的聲音有法，應當是名，因為是牛的名字的緣故。

　　如果說因不成立的話，牛有法，詮說他的聲音應當是他的名字，因為他是無我的緣故。

◉ 10

　　有人說：「是文字的話，應當遍不是名，因為是文字的話，遍不是能詮聲的緣故。

　　應當如此，因為《釋量論》[365]說：『文字沒有意涵』的緣故。」

回答不遍，因為意思是指「是名、句、文字三者所開分出的文字的話，遍不是能詮聲」的緣故。

安立自宗

有所詮的性相，因為藉由名言[366]之力所理解的事物即是彼的緣故。所詮、境與所量等同義。

有能詮聲的性相，因為藉由名言之力而能理解自境的所聞即是彼

明，十八歲即通達一切外道宗義，深受諸外道婆羅門喜愛。後有機緣聽到少許佛經，覺察外道論典諸多非理之處，於是對聖教深生信解，依止法護論師（Dharmapāla）出家，精研三藏。意猶未足，又從善達《集量論》的自在軍論師（Iśvarasena），聽聞三次《集量論》。首次聽聞就完全通曉自在軍的密意，再次聽聞就通曉《集量論》作者陳那論師（Dignāga）的密意，第三次聽聞就能發現自在軍論師承許有誤。如實啟白後，自在軍論師大喜，囑咐法稱菩薩寫作《釋量論》。之後，師欲破除外道宗義，聽說婆羅門鳩摩羅梨羅（Kumārila Bhaṭṭa）善達外道典籍，因此在王宮與鳩摩羅梨羅辯論，以正理廣破其宗，令其信奉內道。又於鹿野苑與商羯羅婆羅門（Śavkarācārya）辯論，婆羅門敗負，投恆河自殺。隔年投生為其徒之子，十六年後又來論戰，敗負後再度投河。再次轉世，十二年後與年邁的法稱論師再戰，師又勝出，終於令其皈信佛教。在華嚴王護持下著作七部量論，窮盡畢生之力，唯求於聖教隕歿之處復興聖教，被勸化而皈依佛教的僧俗將近十萬之多。最後在種種瑞相中示寂，荼毘時天降花雨，充滿妙香音樂，七日乃止。著名弟子有天王慧（Devendrabuddhi）等。《釋量論》主要闡述因明的各種破立、人法無我見及菩薩廣大行的內涵，為因明學的代表著作。後世印度智者為其註釋甚多，現今為格魯三大寺必讀典籍之一，也被許多哲學學者廣為研究。引文法尊法師譯《釋量論略解》作「諸字當無義」。見《釋量論略解》頁535；《丹珠爾》對勘本冊97，頁490。

366 **名言** 藏文為「 མིང་ 」，廣義而言，凡是賴以傳達出訊息的肢體動作、表情、語言，以及分別心等皆屬之。然而在此指能詮聲，以及想要發出能詮聲的動機之分別心，凡是能詮聲及其動機之分別心，都是名言。

的緣故[367]。

能詮聲從所詮的角度分為詮類聲與詮聚聲兩種。

有詮類聲的性相，因為是能詮聲，而且自己的直接所詮所屬的類總存在即是彼的緣故。

有詮聚聲的性相，因為是能詮聲，而且自己的直接所詮所屬的聚總存在即是彼的緣故。

詮類聲與詮聚聲二者有是非的四句型，因為有是詮類聲而不是詮聚聲的句型、是詮聚聲而不是詮類聲的句型、這二者皆是的句型、這二者皆非的句型，共有四句的緣故。

第一、是詮類聲而不是詮聚聲的句型可得舉例，因為詮說「常法」的聲音即是彼的緣故。

如果說因不成立的話，詮說「常法」的聲音有法，應當是「是詮類聲而不是詮聚聲的句型」，因為是詮類聲，而且不是詮聚聲的緣故。

如果說第一個因不成立的話，常法有法，詮說他的聲音應當是詮類聲，因為他是類總的緣故。

如果說第二因不成立的話，常法有法，詮說他的聲音應當不是詮聚聲，因為他不是聚總的緣故。

有是詮聚聲而不是詮類聲的句型，因為詮說「瓶柱二者」的聲音即是彼的緣故。

---

367 **因為藉由名言之力而能理解自境的所聞即是彼的緣故** 民族本作「因為藉由名言之力而能理解的所聞即是彼的緣故」，上下文義無法連貫，應誤。

有詮類聲與詮聚聲二者皆是的句型，因為詮說「色法」的聲音即是彼的緣故。

有詮類聲與詮聚聲二者皆非的句型，因為詮說「與所知為一」的聲音即是彼的緣故。

能詮聲分為名、句、文字三種。

有名、句、文字三者所開分出的名的性相，因為只顯示意涵的體性的能詮聲即是彼的緣故。

有其事相，因為詮說「色法」的聲音即是彼的緣故。

有名、句、文字三者所開分出的句的性相，因為結合意涵的體性與差別而顯示的聲音即是彼的緣故。有其事相，因為詮說「色法無常」的聲音即是彼的緣故。

有名、句、文字三者所開分出的文字的性相，因為名、句二者等等的構成元素所屬的聲調即是彼的緣故。分為「嘎」等等輔音文字與「阿」等等元音文字兩種。

聲音由於說者與聽者的詮說欲樂，以至於分為詮特法聲與詮有法聲兩種。

觀待於聲音為詮特法聲可得舉例，因為詮說「聲音的無常」的聲音即是彼的緣故。應當如此，因為詮說「聲音的無常」的這個聲音是將「無常」作為差別事，「聲音」作為其差別法而詮說的緣故。因為就像詮說「牛的非馬」的聲音這個例子，是將「非馬」作為差別事，「牛」作為其差別法而詮說的緣故。

བསེ་བསྡུས་ལྭ། ⚙ 賽倉攝類學

　　觀待於聲音為詮有法聲可得舉例，因為詮說「聲音無常」的聲音即是彼的緣故。應當如此，因為詮說「聲音無常」的這個聲音是將「聲音」作為差別事，「無常」作為其差別法而詮說的緣故。應當如此，因為就像詮說「牛不是馬」的聲音這個例子，是將「牛」作為差別事，「不是馬」作為其差別法而詮說的緣故。

　　聲音從虛詞的角度分為否定不具有的聲音[368]、否定不容有的聲音、否定餘者具有的聲音這三種。

　　第一、否定不具有的聲音可得舉例，因為詮說「聲音唯是無常」的聲音即是彼的緣故。應當如此，因為詮說「聲音唯是無常」的這個聲音，不否定有聲音之外的其他無常，是否定聲音不是無常，而顯示聲音是無常的緣故。就像詮說「黑天[369]真是神射手」的聲音這個例子，不否定有黑天之外的其他神射手，是否定黑天不是神射手，而顯示黑天唯是神射手的緣故。

　　否定餘者具有的聲音可得舉例，因為詮說「唯有聲音是所聞」的聲音即是彼的緣故。應當如此，因為詮說「唯有聲音是所聞」的這個聲音，否定除了聲音之外有其他所聞，而顯示聲音是所聞的緣故。就

368　**否定不具有的聲音**　各莫本作「否定不具有的」，上下文義無法連貫，又拉寺本、果芒本、民族本皆作「否定不具有的聲音」，故依拉寺等本補之。

369　**黑天**　藏文為「དགའ།」，古印度神話人物。傳說為遍入天的化身，也是印度神話英雄阿周那的老師。年幼時當過牧童，長大後成為雅度族的首領。武藝超群，尤其以箭術著稱，曾經打敗當時來襲的各國聯軍，被譽為當世第一流的射手。在著名的俱盧大戰中教導阿周那的內容，被寫成「薄伽梵歌」而普遍傳世。

像詮說「阿周那[370]真是神射手」的聲音這個例子，是否定除了阿周那之外，有其他像阿周那那般的神射手，而顯示阿周那唯是神射手的緣故。

否定不容有的聲音可得舉例，因為詮說「優鉢羅花[371]唯是容有藍色」的聲音即是彼的緣故。應當如此，因為詮說「優鉢羅花唯是容有藍色」的這個聲音，不否定有優鉢羅花之外的其他藍色，是否定優鉢羅花不容有藍色，而顯示優鉢羅花唯是容有藍色的緣故。

斷除諍論

◉ 1

有人說：「詮說『唯有聲音是所聞』的這個聲音應當是合乎事實的能詮聲，因為詮說『唯有聲音是所聞』的這個聲音否定除了聲音之外有其他所聞，而顯示聲音唯是所聞，而且確實沒有除了聲音之外其他的所聞，聲音也是所聞的緣故。

如果承許的話，唯有聲音應當是所聞，因為詮說『唯有聲音是所聞』的這個聲音是合乎事實的能詮聲的緣故。

---

370 **阿周那** 藏文為「ষིད་གྲུབ་」，阿周那（Arjuna），譯為成政（ষིད་གྲུབ་），印度神話中的人物，武藝超群，特別是箭術無人能敵，堪比漢地傳說中的后羿，為印度所有神射手中的第一人。

371 **優鉢羅花** 藏文為「ཨུཏྤལ་」，指蓮花，梵文utpala音譯，又作烏鉢羅花。有青、紅、白等顏色。此處是強調有藍色的優鉢羅花。

如果承許的話，唯有聲音應當存在，因為唯有聲音是所聞的緣故。」回答：論式有過失。

◎ 2

有人說：「詮說『唯有聲音存在』的這個聲音應當是合乎事實的能詮聲，因為詮說『唯有聲音是所聞』的這個聲音是合乎事實的能詮聲的緣故。」回答不遍。

不能如此承許，因為詮說「唯有聲音存在」的這個聲音是不合乎事實的能詮聲的緣故。

如果說因不成立的話，詮說「唯有聲音存在」的這個聲音應當是不合乎事實的能詮聲，因為詮說「唯有聲音存在」的這個聲音否定除了聲音之外有其他的法，而顯示聲音是有，然而除了聲音之外其他的法不是無的緣故。

◎ 3

有人說：「詮說『唯有常法是常法』的這個聲音應當是合乎事實的能詮聲，因為詮說『唯有聲音是所聞』的這個聲音是合乎事實的能詮聲的緣故。

如果承許的話，唯有常法應當是常法，因為詮說『唯有常法是常法』的這個聲音是合乎事實的能詮聲的緣故。

如果承許的話，唯有常法應當存在，因為唯有常法是常法的緣故。」

　　回答不遍，因為詮說「唯有常法是常法」的這個聲音是否定餘者具有的聲音，所以否定非常法所屬的常法存在；而詮說「唯有常法存在」的這個聲音也是否定餘者具有的聲音，所以否定除了常法之外有其他的存在的緣故。

第二十二章
遮破法成立法的單元

　　本單元提出另一種分類方式，以遮破法與成立法二者統攝所有存在的事物，任何所知都分別隸屬這二者其中之一。遮破法，是指直接證達該事物的心識，必須經過直接排除其所遮，才能證達該事物，這樣的事物便是遮破法。以「無常」為例，如果對「常」一無所知，聽到「無常」時，自然無從確切知曉其內涵；當理解「常」的意涵，進而在某個事物上否定其為「常」，才能藉由該事物理解「無常」的內涵。相同地，只要其名稱或意涵中含有否定的成份，都是遮破法。

　　而遮破法當中，又分成無遮與非遮兩種，前者是指詮說某個事物的聲音在遮除該事物的所遮後，沒有引申出其他非遮或者成立法，這樣的遮破法即是無遮，而只要是無遮一定是常法；後者則是詮說自己的聲音在否定自己的所遮之餘，還會引申出其他非遮或成立法，這樣的遮破法便是非遮。

　　雖然所有的非遮，詮說自己的聲音同樣都會引申出另一個非遮或成立法，但是從引申的方式，可以細分出直接引申、間接引申、直接間接雙方面都引申，以及在特殊情境下引申四種。除了常法以外，非遮同時也包含無常，凡是屬於遮破法的無常，都是非遮。

　　成立法的意涵，與遮破法正好相對，以瓶子為例，不必先行了解何謂「不是瓶子」，直接藉由看見瓶子的眼識就能看清瓶子。

解說遮破法成立法的單元

破除他宗

1

有人說：「是實事的話，遍是成立法。」

那麼聲音無常有法，應當是成立法，因為是實事的緣故。已經承許周遍了。

如果承許的話，聲音無常有法，應當不是成立法，因為是遮破法的緣故。

應當如此，因為是直接證達自己的覺知必須直接否定自己的所遮而證達的法，而且是詮說自己的聲音必須直接否定自己的所遮而詮說的法的緣故。

第二個因成立，因為詮說「聲音無常」的聲音是在字面上直接否定聲音是常法，而詮說聲音為無常的緣故。執取彼的覺知也同理可推。

2

有人說：「是在自己的實名首尾加上『無』字的法的話，遍是無遮。」

那麼無量壽佛有法，應當如此，因為如此的緣故。已經承許周遍了。

如果說因不成立的話，無量壽佛有法，應當如此，因為詮說「無量壽佛」的聲音是他的實名，而且其開頭加上「無」字，是現前即可成立的緣故。

如果承許根本論式的宗，無量壽佛有法，應當不是無遮，因為是實事的緣故。

如果說不遍的話，這應當有周遍，因為是無遮的話，遍是常法的緣故。

3.1

有人說：「是遮破法的話，遍是在自己的實名加上遮遣詞[372]的法。」

那麼虛空有法，應當是在自己的實名加上遮遣詞的法，因為是遮破法的緣故。已經承許周遍了。

如果說因不成立的話，虛空有法，應當是遮破法，因為是無遮的緣故。

---

372 **遮遣詞** 藏文為「དགག་ཚིག」，指「不是」、「不存在」等否定詞。

如果說因不成立的話，虛空有法，應當是無遮，因為是唯遮斷礙觸的無遮的緣故。

應當如此，因為是無為的虛空的緣故。

如果承許根本論式的宗，虛空有法，應當不是在自己的實名加上遮遣詞的法，因為他的實名裡沒有遮遣詞的緣故。

如果說因不成立的話，虛空有法，在他的實名裡應當沒有遮遣詞，因為『虛空』的聲音是他的實名，而且所謂的「虛」與「空」二者都不是遮遣詞[373]的緣故。

❀ 3.2

另外，法性有法，應當是在自己的實名首尾加上遮遣詞的法，因為是遮破法的緣故。已經承許周遍了。

因是成立的，因為是無遮的緣故。

不能承許根本論式的宗，因為是在自己的實名首尾雖然未加上遮遣詞，但是直接證達自己的覺知必須直接否定自己的所遮而證達的緣故。

周遍，因為是直接證達自己的覺知必須直接否定自己的所遮而證達的法的話，遍是遮破法的緣故。

---

373 **虛與空二者都不是遮遣詞**　藏文中「ནམ」與「མཁའ」都不是遮遣詞，而中文的「虛」與「空」卻恰巧都有遮遣的意味，這點與藏文略有不同。

● 4

對此有人說：「色法有法，應當是遮破法，因為是直接證達自己的覺知必須直接否定自己的所遮而證達的法的緣故。

如果說因不成立的話，色法有法，應當如此，因為是直接證達自己的分別心必須直接否定自己的所遮而證達的法的緣故。

如果說因不成立的話，色法有法，應當如此，因為是執取自己的分別心必須否定非自己而證達的法的緣故。」回答不遍。

如果說因不成立的話，色法有法，應當是執取他的分別心[374]必須否定非他而證達的法，因為他是成實的緣故。

● 5

有人說：「瓶子有法，應當不是成立法，因為是遮破法的緣故。

如果說因不成立的話，瓶子有法，應當是遮破法，因為是直接證達自己的分別心必須否定非自己而證達的法的緣故。」回答不遍。

如果說因不成立的話，瓶子有法，應當是直接證達他的分別心[375]必須否定非他而證達的法，因為他是成實的緣故。

---

374 **執取他的分別心** 原文如此，然揆諸上下文義，似應以「執取自己的分別心」為宜，否則這個應成的周遍如果成立，接著提問：「瓶子有法，他是成實的話，應當遍是執取他的分別心必須否定非他而證達的法」時也必須回答承許。而承許這個應成之後，將得出「瓶子是成實的話，遍是執取瓶子的分別心必須否定非瓶子而證達的法」的結論，此時若以「兔子角」為所諍事，兔子角就應當是執取瓶子的分別心必須否定非瓶子而證達的法，因為瓶子是成實的緣故。義理上易產生這樣的過失。

375 **直接證達他的分別心** 原文如此，參考註374。

如果承許根本論式的宗，瓶子有法，應當不是遮破法，因為是成立法的緣故。

如果說因不成立的話，瓶子有法，應當是成立法，因為是與瓶子為一的緣故。

◉ 6

有人說：「是非遮的話，遍是詮說自己的聲音排除自己的所遮之餘，直接引出餘法非遮與成立法其中一者的法。」

那麼胖子天授白天不進食有法，應當如此，因為如此的緣故。已經承許周遍了。

如果說因不成立的話，胖子天授白天不進食有法，應當是非遮，因為是詮說自己的聲音在字面上直接排除自己的所遮，而引出餘法非遮與成立法其中一者的緣故。

應當如此，因為詮說自己的聲音直接排除白天進食，而間接引出晚上進食，而且晚上進食是成立法的緣故。

不能承許根本論式的宗，因為「胖子天授白天不進食」的這個聲音，在字面上直接排除自己的所遮後，雖然未直接引出餘法非遮與成立法其中一者，但是間接引出的緣故。

應當如此，因為「胖子天授白天不進食」的這個聲音直接排除白天進食後，間接引出晚上進食的緣故。

❀ 7

這麼說了之後，有人說：「『胖子天授白天不進食』的這個聲音，在字面上直接排除自己的所遮後，應當未間接引出餘法非遮與成立法其中一者，因為「婆羅門不喝酒」的這個聲音，在字面上直接排除自己的所遮後，未間接引出餘法非遮與成立法其中一者的緣故。」回答不遍。

因是成立的，因為「婆羅門不喝酒」的這個聲音，在字面上直接排除自己的所遮後，無論直接或間接，都未引出餘法非遮與成立法其中一者的緣故。

應當如此，因為「婆羅門不喝酒」的這個聲音，在字面上直接排除婆羅門喝酒後，未引出餘法非遮與成立法其中一者的緣故。

應當如此，因為必須安立婆羅門不喝酒為無遮的緣故。

❀ 8

有人說：「是非遮的話，遍是詮說自己的聲音在字面上直接排除自己的所遮，而引出餘法非遮與成立法其中一者。」

那麼常法有法，應當如此，因為如此的緣故。已經承許周遍了。

如果說因不成立的話，常法有法，應當是非遮，因為是遮破法，而且不是無遮的緣故。

如果說第一個因不成立的話，常法有法，應當是遮破法，因為是常法的緣故。

如果說不遍的話，這應當有周遍，因為常法所屬的自主成立法不存在的緣故。

應當如此，因為是自主成立法的話，遍是實事的緣故。

不能承許前面的宗，因為詮說自己的聲音雖然引出餘法非遮與成立法其中一者，但是在字面上不排除自己的所遮的緣故。

應當如此，因為「常法」這個詞沒有加上遮遣詞的緣故。

◈ 9

有人說：「詮說自己的聲音引出餘法非遮與成立法其中一者的話，自己遍是遮破法。」

那麼所作有法，自己應當是遮破法，因為詮說自己的聲音引出餘法非遮與成立法其中一者的緣故。已經承許周遍了。

如果說因不成立的話，所作有法，詮說他的聲音應當引出餘法非遮與成立法其中一者，因為詮說他的聲音引出他的因緣的緣故[376]。

如果承許根本論式的宗，所作有法，應當不是遮破法，因為是成立法的緣故。

如果說因不成立的話，所作應當是成立法，因為實事是成立法，而且這二者相同的緣故。

---

376 所作有法，詮說他的聲音應當引出餘法非遮與成立法其中一者，因為詮說他的聲音引出他的因緣的緣故　「由自因所生」是所作的性相，詮說「所作」的聲音會直接表達「由自因所生」的內涵，因此也會表達出其因緣。

◉ 10

有人說：「所作有法，應當不是成立法，因為是遮破法的緣故。

如果說因不成立的話，所作應當是遮破法，因為『聲音是所作』是遮破法的緣故。

如果說因不成立的話，應當如此，因為是「聲音是所作」的這個聲音必須否定聲音不是所作而詮說的法的緣故。」回答不遍。

那麼對你而言，色法應當是遮破法，因為是詮說「色法」的聲音必須否定非色法而詮說的法的緣故。

如果承許的話，那麼成立法應當不存在，因為色法不是成立法的緣故。

如果承許的話，那麼是成實的話，應當遍是遮破法，因為成立法不存在的緣故。已經承許因了。但是不能如此承許。

◉ 11

有人說：「色法不是詮說『色法』的這個聲音必須否定非色法而詮說的法。」

應當是如此，因為色法是詮說「色法」的聲音必須除遣非色法而詮說的法的緣故。

應當如此，因為詮說「色法」的聲音是除遣趣入色法的緣故。

周遍，因為「除遣趣入」的除遣的意涵，是必須觀待於除遣非彼法的緣故。

安立自宗

有遮破法的性相，因為直接證達自己的覺知必須直接否定自己的所遮而證達的法即是彼的緣故。

遮破法、除遣法、遣餘法與反體四者同義。

遮破法分為兩種，因為有非遮與無遮二者的緣故。

有非遮的性相，因為詮說自己的聲音排除自己的所遮之餘，引出餘法非遮與成立法其中一者的遮破法即是彼的緣故。

有其事相，因為聲音無常即是彼的緣故。

有無遮的性相，因為詮說自己的聲音排除自己的所遮之餘，未引出餘法非遮與成立法其中一者的遮破法即是彼的緣故。

有其事相，因為補特伽羅無我即是彼的緣故。

遮破法分為五種，因為有詮說自己的聲音在字面上直接排除自己的所遮而直接引出餘法非遮與成立法其中一者、間接引出、直接間接都引出、由於特殊的時機而引出、詮說自己的聲音在字面上排除自己的所遮，而未引出餘法非遮與成立法其中一者這五者的緣故。

第一、詮說自己的聲音在字面上直接排除自己的所遮而直接引出餘法非遮與成立法其中一者的遮破法存在，因為瓶子補特伽羅無我存在即是彼的緣故。

如果說因不成立的話，彼有法，應當是詮說自己的聲音在字面上直接排除自己的所遮而直接引出餘法非遮與成立法其中一者的遮破法，因為詮說自己的聲音在字面上直接排除自己的所遮，而且直接引

出餘法非遮與成立法其中一者的緣故。

第一個因成立，因為詮說「瓶子補特伽羅無我存在」的這個聲音在字面上排除瓶子補特伽羅我的緣故。

第二個因成立，因為詮說「瓶子補特伽羅無我存在」的這個聲音直接引出「瓶子補特伽羅無我存在」，而且「瓶子補特伽羅無我存在」是非遮的緣故。第一個因容易理解。

如果說第二個因不成立的話，瓶子補特伽羅無我有法，他存在應當是非遮，因為他是成實的緣故。

第二、詮說自己的聲音在字面上直接排除自己的所遮而間接引出餘法非遮與成立法其中一者的遮破法可得舉例，因為胖子天授白天不進食即是彼的緣故。

應當如此，因為「胖子天授白天不進食」的這個詞句直接排除自己的所遮——白天進食而間接引出晚上進食，而且晚上進食是成立法的緣故。

應當如此，因為進食是成立法的緣故。

第三、詮說自己的聲音在字面上直接排除自己的所遮而直接間接都引出餘法非遮與成立法其中一者的遮破法可得舉例，因為胖子天授白天不進食卻有不消瘦的身體即是彼的緣故。

應當如此，因為「胖子天授白天不進食卻有不消瘦的身體」的這個聲音直接排除白天進食而間接引出晚上進食、直接引出有不消瘦的身體，而且晚上進食是成立法、有不消瘦的身體是非遮的緣故。

第四、詮說自己的聲音在字面上直接排除自己的所遮，而由於特殊的時機，引出餘法非遮與成立法其中一者的遮破法可得舉例，因為確認了一位補特伽羅是王族與婆羅門族其中一者，而尚未確認其差別時，詮說「這人不是婆羅門」的這個聲音，在字面上直接排除是婆羅門，而由於特殊的時機引出是王族，必須由此了知的緣故。

詮說自己的聲音在字面上直接排除自己的所遮而未引出餘法非遮與成立法其中一者的遮破法可得舉例，因為婆羅門不喝酒即是彼的緣故。

應當如此，因為「婆羅門不喝酒」的這個聲音，在字面上直接排除婆羅門喝酒後，既未直接引出餘法非遮與成立法其中一者，也未間接引出，也未由於特殊的時機而引出的緣故。

有將這些攝為非遮與無遮二者的方式，因為必須安立前四者是非遮，而最後一者是無遮的緣故。

是遮破法的話，詮說自己的聲音不遍在字面上排除自己的所遮，因為在非遮也不遍，而且在無遮也不遍的緣故。

第一個因成立，因為常法與所知二者雖然是非遮，但是詮說自己的聲音在字面上不排除自己的所遮的緣故。

第二個因成立，因為虛空與法性二者雖然是無遮，但是詮說自己的聲音在字面上不排除自己的所遮的緣故。

第二十三章
遣餘法的單元

導讀

　　本單元專門介紹「遣餘法」的涵義與分類，因此取名為〈遣餘法〉。

　　「遣餘法」與遮破法同義，可以分成三種不同的遣餘法：一、義自相的遣餘法；二、覺知的遣餘法；三、無遮的遣餘法。其中，義自相的遣餘法是指既是實事，又是遣餘法的事物，例如無常。由於無常是非遮，所以是遣餘法，由此可見，凡是遮破法的實事，都是義自相的遣餘法。

　　覺知的遣餘法，若以桌子為例，桌子的覺知的遣餘法，是指在執取桌子的分別心中顯現出桌子的非反，也就是指桌子的義共相。任何事物的義共相，都是該事物的覺知的遣餘法。

　　無遮的遣餘法指的即是無遮，這兩者同義，任何無遮都是無遮的遣餘法。

　　雖然遣餘法與遮破法同義，亦即所有的常法都是遣餘法，但是當提到某個事物的遣餘法，通常專指該事物的義自相的遣餘法。

解說遣餘法的單元

破除他宗

1

有人說：「他的三種遣餘法其中一者存在的話，他的遣餘法遍存在。」

那麼兔子角有法，他的遣餘法應當存在，因為他的三種遣餘法其中一者存在的緣故。已經承許周遍了。

如果說因不成立的話，兔子角有法，他的三種遣餘法其中一者應當存在，因為他的覺知的遣餘法存在的緣故。

如果說因不成立的話，兔子角有法，他的覺知的遣餘法應當存在，因為在執取他的分別心中顯現為他的非反，即是他的覺知的遣餘法的緣故。

如果說因不成立的話，兔子角有法，在執取他的分別心中顯現為他的非反應當是他的覺知的遣餘法，因為是無我的緣故。

如果承許根本論式的宗，兔子角有法，他的遣餘法應當不存在，因為他的義自相的遣餘法不存在的緣故。

應當如此，因為他不是實事的緣故。

❋ 2

有人說：「是實事的話，遍是義自相的遣餘法。」

那麼瓶子有法，應當是義自相的遣餘法，因為是實事的緣故。已經承許周遍了。

如果承許的話，那麼瓶子有法，應當是遣餘法，因為是義自相的遣餘法的緣故。

如果承許的話，那麼瓶子有法，應當是遮破法，因為是遣餘法的緣故。

如果說不遍的話，這應當有周遍，因為遣餘法與遮破法二者是同義的緣故。

不能承許根本論式的宗，因為是成立法的緣故。

❋ 3

有人說：「瓶子的非反是瓶子的義自相的遣餘法。」

瓶子的非反有法，應當不是瓶子的義自相的遣餘法，因為不是瓶子的義自相的法的緣故。

如果說因不成立的話，瓶子的非反有法，應當不是瓶子的義自相的法，因為不是自相的法的緣故。

如果說因不成立的話，那麼瓶子的非反有法，應當是實事，因為是自相的法的緣故。已經承許因了。

如果說不遍的話，這應當有周遍，因為自相的法與實事二者是同義的緣故。

如果承許根本論式的宗，瓶子的非反應當不是實事，因為非非瓶子不是實事，而且這二者沒有差別的緣故。

4

有人說：「他的義自相的遣餘法存在的話，他的非反遍存在。」

那麼瓶柱二者有法，他的非反應當存在，因為他的義自相的遣餘法存在的緣故。已經承許周遍了。

如果說因不成立的話，瓶柱二者有法，他的義自相的遣餘法應當存在，因為他是義自相的法的緣故。

如果承許根本論式的宗，瓶柱二者有法，他的非反應當不存在，因為他是不容有是彼的所知的緣故。

5

有人說：「瓶柱二者有法，他的義自相的遣餘法應當不存在，因為瓶柱二者不是彼，而且除此之外也沒有一個與之相異的事物是彼的緣故。」

回答後面的因不成立，因為常法實事二者空的瓶柱二者即是彼的緣故。

6

有人說：「安立瓶子的義自相的遣餘法時，必須安立常法實事二者空的瓶子。」

這應當不合理，因為可以安立瓶子的非反的瓶子為瓶子的義自相的遣餘法的緣故。

如果說因不成立的話，彼有法，應當是瓶子的義自相的遣餘法，因為是瓶子的遣餘法的緣故。

◈ 7

有人說：「安立瓶子的無遮的遣餘法時，可安立瓶子的補特伽羅無我。」

這應當是不合理的，因為必須安立瓶子中沒有非瓶為瓶子的無遮的遣餘法的緣故。

應當如此，因為必須安立牛中沒有非牛為牛的無遮的遣餘法的緣故。

應當如此，因為是《廣量論》[377]中所說的緣故。

---

377 **《廣量論》** 　《廣量論》，因明部論典，全名《攝真性論》，共30品，靜命論師著，尚無漢譯。靜命論師，瑜伽行中觀自續派開派祖師，梵語Shantarakshita及藏語ཞི་བ་འཚོ（喜瓦措）的義譯，又名大親教師菩提薩埵，生卒年不詳。出生於孟加拉，年少時於其親教師智慧藏（Jnanagarbha）座前出家，並依止該師研習律典，之後依止調伏軍阿闍黎（Vinayasenā）聽受《現觀莊嚴論》。由於觀察到深見、廣行不可偏廢，所以進一步精研龍樹所傳的空性教授，著作《中觀莊嚴論》。8世紀中應藏王赤松德贊邀請至西藏，修建桑耶寺，剃度七人出家，此為西藏史上第一批出家為僧的藏人。開始建立僧伽制度，宣說戒律、中觀。駐錫西藏直至示寂，相傳住世九百多歲。主要弟子有獅子賢論師、蓮花戒論師等。本論主要闡述因明的內容、量的內涵，也廣泛破斥外道的立宗，為因明學的權威著作之一。相應段落參見《丹珠爾》對勘本冊107，頁93。

8

　　有人說：「覺知的非反的覺知應當是覺知的義自相的遣餘法，因為瓶子的非反的瓶子是瓶子的義自相的遣餘法，而且這二者相同的緣故。

　　如果承許的話，覺知的非反的覺知有法，應當是覺知的遣餘法，因為是覺知的義自相的遣餘法的緣故。」回答不遍。

9

　　有人說：「覺知有法，他的非反的他應當是他的遣餘法，因為他是容有是彼的實事的緣故。」

　　可以回答承許，因為推算時，理應推算為「承許此覺知的非反的覺知是此覺知的遣餘法」的緣故。

10

　　這麼說了之後，有人說：「覺知的非反的覺知應當是覺知的遣餘法，因為此覺知的非反的覺知，是此覺知的遣餘法的緣故。」回答不遍。

　　不能如此承許，因為是覺知的遣餘法的話，遍是常法的緣故。

11

　　有人說：「常法的非反的常法應當是常法的遣餘法，因為瓶子的非反的瓶子是瓶子的遣餘法的緣故。」回答不遍。

　　如果承許的話，彼有法，應當不是常法的遣餘法，因為既不是常法的義自相的遣餘法，也不是常法的無遮的遣餘法，也不是常法的覺知的遣餘法的緣故。

　　如果說第一個因不成立的話，彼有法，應當不是常法的義自相的遣餘法，因為是補特伽羅無我的緣故。

❀ 12

　　有人說：「無為的虛空有法，應當是無遮的義自相的遣餘法，因為是無遮的遣餘法的緣故。」回答不遍。

　　這麼說了之後，有人說：「無遮有法，是他的遣餘法的話，應當遍是他的義自相的遣餘法，因為他的遣餘法存在的緣故。」

　　因是不成立的，因為推算時，必須推算為「這個無遮的遣餘法存在因不成立」的緣故。

❀ 13

　　有人說：「無為的虛空不是無遮的遣餘法。」

　　無為的虛空有法，應當是無遮的遣餘法，因為是無遮的緣故。

　　如果說不遍的話，這應當有周遍，因為無遮的遣餘法與無遮二者是同義的緣故。

安立自宗

遣餘法與遮破法二者是同義，因此不須安立性相。

是實事的話，他的義自相的遣餘法遍存在，而實事所屬的遮破法與義自相的遣餘法二者同義。

是無我的話，他的覺知的遣餘法遍存在，而覺知的遣餘法與分別心的顯現境二者同義。

是成實的話，他的無遮的遣餘法遍存在，而無遮的遣餘法與無遮二者是同義。

第二十四章

大相違相係屬的單元

導讀

　　本單元列舉各種相違的分類，並介紹其各自的內涵。相較於第九單元〈相違相係屬〉中，專注於相違與不相違的重疊演算，本單元對相違的解釋更加詳明，因此取名為〈大相違相係屬〉。

　　本單元以互絕相違與不並存相違兩大脈絡，介紹各種相違。其中互絕相違與相違同義，因此所有的相違都是互絕相違。互絕相違中，分為互絕相違的直接相違與互絕相違的間接相違兩種。

　　其中互絕相違的直接相違，是指從肯定與否定的角度直接違背。以瓶子與「不是瓶子」二者為例，沒有瓶子與「不是瓶子」以外的第三種可能性，任何所知都必定屬於這二者其中之一。不僅如此，當一個心識肯定某個事物是瓶子，就必須否定該事物是「不是瓶子」；反過來說，一個心識肯定某個事物是「不是瓶子」，也必須否定該事物是瓶子。相同地，一旦肯定一者，就會否定另一者，凡是符合這個條件，就是互絕相違的直接相違。除此之外，其他任何相違都是互絕相違的間接相違。

　　若以常法與實事為例，雖然沒有這二者以外的第三種可能性，任何所知都必定屬於這二者其中之一，但是當一個心識肯定某個事物是實事，未必會否定該事物是常法，而是藉由知曉常法與無常二者直接相違，而實事與無常同義，因此推斷實事與常法也是相違。與此相同，如

果不是從肯定與否定的角度直接導致相違，無論有沒有二者以外的第三種可能性，都屬於互絕相違的間接相違。

如同互絕相違有直接間接兩種，不並存相違也同樣分成不並存相違的直接相違與不並存相違的間接相違兩種。

不並存相違的直接相違，是指雙方處於直接能害所害的狀態，而且其續流力量不容相等並行，例如光明與黑暗。光明的產生與周遭的黑暗消滅，二者是同時發生的，光明與它所滅除的黑暗不會同時並存，當光明出現的當下，周遭的黑暗立即消失。

同樣是不並存相違的直接相違，除了光明與黑暗，另一種狀況則是如同冷熱般的不並存相違。以熱水與冷水為例，雙方最初相遇的第一剎那，熱水與冷水並存；第二剎那，熱水削弱冷水的續流力量；到了第三剎那，熱水將冷水完全抵消。因此二者雖也是能害所害，但是最快要經過三剎那的勢力消長，能害的熱水才能滅除其所害的冷水，並非如光明與其所消滅的黑暗一般，毫無並存的時間。

至於不並存相違的間接相違，則例如寒冷的感覺與濃煙。雖然濃煙不會直接危害寒冷的感覺，寒冷的感覺也不會直接被濃煙消滅，但是凡有濃煙，該處一定有火，而火則會直接消滅寒冷的感覺。因此寒冷的感覺與濃煙二者，無法在續流勢力保持相等並行的狀態下並存，由此而安立濃煙與寒冷的感覺是不並存相違的間接相違。

也因此，任何不並存相違都必定是實事，因為常法不會生滅變化，所以既不會被損害，也沒有續流。

雖然所有的相違都包含在互絕相違之內，但是本單元特別提出不並

存相違，其實是為了說明證達無我慧消滅我執的過程，如同冷熱一般，證達無我慧與我執兩者也是相遇之後，最快要經過三剎那的勢力消長，證達無我慧才能消滅我執的續流力量。

　　透過上述的說明，進一步可以思考，如同光明會消滅黑暗，黑暗是否也會消滅光明？兩者是否有必然的能害所害關係？光明黑暗是否毫不可能並存？如果既有可能並存，能害所害的關係也可能互換，那麼烏鴉與貓頭鷹是否也可能是不並存相違？本單元強調這兩者不能是不並存相違，應該如何解釋？如果能害所害的關係可能互換就無法成立出直接能害所害，那麼冷熱是否也不能是不並存相違的直接相違？因為冷熱的能害所害關係也可能互換，所以無法成立二者是直接能害所害。藉助這些思考，會更細緻地掌握本單元的概念。

解說大相違相係屬的單元

破除他宗

1

有人說：「是互絕相違的話，遍是直接相違。」

那麼瓶子與柱子二者有法，應當是直接相違，因為是互絕相違的緣故。已經承許周遍了。

如果說因不成立的話，瓶子與柱子二者有法，應當是互絕相違，因為是相違的緣故。

如果說不遍的話，這應當有周遍，因為互絕相違與相違二者是同義的緣故。

如果承許根本論式的宗，瓶子與柱子二者有法，應當不是直接相違，因為不是互絕相違的直接相違，而且也不是不並存相違的直接相違的緣故。

如果說第一個因不成立的話，瓶子與柱子二者有法，應當是不容有不是他二者其中一者的第三聚，因為他二者是互絕相違的直接相違的緣故。

如果承許的話，那麼瓶子與柱子二者有法，是成實的話，應當遍

是他二者其中一者，因為是不容有不是他二者其中一者的第三聚的緣故。

不能如此承許，因為有聲音與心識等等無邊的不是此二者其中一者的事物的緣故。

如果說第二個因不成立的話，瓶子與柱子二者有法，應當是直接能害所害，因為是不並存相違的直接相違的緣故。

如果說不遍的話，這應當有周遍，因為不並存相違的直接相違必須是一種直接能害所害的緣故。

不能承許前面的宗，因為瓶子與柱子二者一一都不能相互危害的緣故。

應當如此，因為是相違的話，不遍是一一能相互危害的緣故。

❀ 2

有人說：「是不並存相違的直接相違的話，遍是心識。」

那麼光明與黑暗二者有法，應當是心識，因為是不並存相違的直接相違的緣故。

因為如經說：「日輪昇起的時候，黑暗之處便不存在、不可得」的緣故。

❀ 3

有人說：「光明黑暗二者應當不是不並存相違的直接相違，因為不是像熱觸與冷觸必須延遲三剎那的緣故。」

　　回答不遍，因為在不並存相違的直接相違中，能害斷除所害的續流，有兩種不同的方式，因此光明黑暗二者雖然是不並存相違的直接相違，但是不是像熱觸與冷觸，而是在該處光明出生與其所除遣的黑暗遮滅為同時；在該處光明現前趣向於出生與其所除遣的黑暗現前趣向於遮滅為同時；在該處光明已生與其所除遣的黑暗已遮滅為同時的緣故。

✿ 4

　　有人說：「不容有並存的話，遍是不並存相違。」

　　那麼瓶子的因與瓶子二者有法，應當如此，因為如此的緣故。

　　應當如此，因為是不容有並存的緣故。

　　應當如此，因為是不容有同時並存的緣故。

　　如果承許前面的宗，那麼瓶子的因與瓶子二者有法，應當是能害所害，因為是不並存相違的緣故。

　　不能如此承許，因為是能饒益與所饒益的緣故。

　　應當如此，因為瓶子的因是能饒益瓶子，瓶子是瓶子的因的所饒益的緣故。

　　應當如此，因為這二者是因果的緣故。

✿ 5.1

　　有人說：「是證達無我的智慧的話，遍是與我執為不並存相違的直接相違。」

那麼佛聖者相續中的智慧有法，應當是與我執為不並存相違的直接相違，因為是證達無我的智慧的緣故。

應當如此，因為是佛聖者相續中的智慧的緣故。

如果承許前面的宗，那麼佛聖者相續中的智慧有法，應當是從他與我執二者緣著同一所緣而執取相直接相違的角度，使他對於彼直接損害，因為他對於彼是不並存相違的直接相違的緣故。

不能如此承許，因為他對於彼直接損害的方式不存在的緣故。

應當如此，因為他不是能斷其續流的緣故。

應當如此，因為他在之前即已截斷其續流的緣故。

◈ 5.2

另外，贍部洲的光明與俱盧洲的黑暗二者應當是不並存相違的直接相違，因為佛聖者相續中的智慧與我執二者是不並存相違的直接相違的緣故。已經承許因了。

如果承許的話，那麼贍部洲白天的光明有法，應當是「他是俱盧洲晚上的黑暗的直接能害」與「俱盧洲晚上的黑暗是他的直接所害」二者，因為有從他與彼二者趣入直接能害所害的角度，使他對於彼為不並存相違的直接相違的安立方式的緣故。

如果承許的話，那麼贍部洲白天的光明有法，應當是他現前趣向於出生與俱盧洲晚上的黑暗現前趣向於遮滅為同時；他已生與俱盧洲晚上的黑暗已遮滅為同時，因為他對於彼是不並存相違的直接相違的緣故。

不能如此承許，因為贍部洲白天的光明就連少許的俱盧洲晚上的黑暗都不能除遣的緣故。

✿ 6

有人說：「贍部洲晚上的月光是與贍部洲晚上的黑暗為不並存相違的直接相違。」

那麼贍部洲晚上的月光有法，在他已形成的時段，贍部洲晚上的黑暗應當不存在，因為他對於彼是不並存相違的直接相違的緣故。

不能如此承許，因為有眾多贍部洲晚上的月光與贍部洲晚上的黑暗二者並存的時段的緣故。

因此贍部洲晚上的月光雖然對於自所除遣的黑暗是不並存相違的直接相違，但是專對於黑暗而言，就不是不並存相違的直接相違，必須知道這樣的細緻區別。

✿ 7

有人說：「熱觸應當不是冷觸的直接能害，因為第一剎那的熱觸不是第一剎那的冷觸的直接能害的緣故。

如果說因不成立的話，第一剎那的熱觸應當不是第一剎那的冷觸的直接能害，因為第一剎那的熱觸不是能斷第一剎那的冷觸的後續流的緣故。

如果說因不成立的話，第一剎那的熱觸應當不是能斷第一剎那的冷觸的後續流，因為第一剎那的熱觸是能生第一剎那的冷觸的後續流

的緣故。

應當如此，因為第一剎那的熱觸是在自己的時段過後的那一段時間中，令冷觸力量轉弱的因的緣故。」

回答不遍，因為在那個時段令其力量轉弱是對其損害，而不是對其饒益的緣故。

8

有人說：「第一剎那的熱觸有法，應當不是能斷第一剎那的冷觸的後續流，因為是能生第一剎那的冷觸的後續流的緣故。

應當如此，因為第一剎那的冷觸作為近取因，第一剎那的熱觸作為俱有緣而令第二剎那的冷觸的續流力量轉弱；第二剎那的冷觸的續流力量轉弱作為近取因，第二剎那的熱觸作為俱有緣，而導致第三剎那的冷觸續流力量喪失，從此以後即決定截斷冷觸的續流的緣故。」回答此處不遍。

那麼對你而言，聲聞見道位者相續中的證達無我的智慧有法，他應當不是能斷我執的續流的道，因為他不是能斷我執的後續流的道的緣故。

如果說因不成立的話，彼有法，他應當不是能斷我執的後續流的道，因為他是能生這個我執的後續流的道的緣故。

應當如此，因為是能生出在自己的時段過後的那一剎那的時段中，令我執的續流轉弱，其第三剎那時生出我執續流力量喪失的體性的道的緣故。符合周遍。

如果承許的話，那麼我執有法，能斷他的續流的道應當不存在，因為聲聞見道位者相續中的證達無我的智慧不是這個事例，而且除此之外沒有其他事例的緣故。

如果承許的話，我執有法，能斷他的續流的道應當存在，因為他是煩惱障的緣故。

安立自宗

有互絕相違的直接相違的性相，因為從否定肯定的角度直接相違即是彼的緣故。

有其事相，因為瓶子與非瓶二者即是彼的緣故。

瓶子與非瓶二者有法，是互絕相違的直接相違，因為是從否定肯定的角度直接相違的緣故。

應當如此，因為某一覺知肯定某個事物為瓶子的話，必然否定其為非瓶；否定其為非瓶的話，必然肯定其為瓶子的緣故。

常法與實事二者雖然是互絕相違，但是不是互絕相違的直接相違，因為不是從否定肯定的角度直接相違的緣故。

應當如此，因為某一覺知肯定某個事物為實事的話，未必否定其為常法；肯定其為常法的話，未必否定其為實事的緣故。

應當如此，因為量肯定聲音是實事的話，量不遍定解聲音不是常法的緣故。

應當如此，因為證達聲音是實事而仍懷疑聲音是不是常法的補特伽羅存在的緣故。

應當如此，因為以實事為因而成立聲音是無常的真實後諍者即是彼的緣故。互絕相違的間接相違可得舉例，因為常法與所作二者即是彼的緣故。

常法與所作二者有法，是互絕相違的間接相違，因為證達某一事為所作的覺知，未必證達那不是常法；而凡所作皆是無常，無常與常法二者是直接相違，是從這個角度安立常法與所作二者相違的緣故。

互絕相違的間接相違與互絕相違的量所損害相違二者同義，其意涵也是如此的緣故。

有不並存相違的直接相違的性相，因為從趣入直接能害所害的角度而不容續流力量相等並行的實事即是彼的緣故。分為兩種，因為光明與其所除遣的黑暗二者既是彼，熱觸與其所除遣的冷觸二者也是彼的緣故。

第一、光明與其所除遣的黑暗二者，從趣入直接能害所害的角度而不容續流力量相等並行的意涵存在，因為光明是自所除遣的黑暗的直接能害，自所除遣的黑暗是光明的直接所害；在該處光明現前趣向於出生與其所除遣的黑暗現前趣向於遮滅為同時；在該處光明完全出生與其所除遣的黑暗完全遮滅為同時，這就是其意涵的緣故。

熱觸與其所除遣的冷觸二者，從趣入直接能害所害的角度而不容續流力量相等並行的意涵存在，因為這二者第一剎那相遇，第二剎那熱觸令冷觸的續流力量轉弱，第三剎那熱觸導致冷觸的續流力量喪

失，從此以後熱觸即損害冷觸的續流的緣故。

有解說不並存相違的直接相違的原因，因為是為了了解證達無我的智慧斷除我執的方式的緣故。

應當如此，因為這二者第一剎那相遇，第二剎那證達無我的智慧令我執的續流力量轉弱，第三剎那證達無我的智慧導致我執的續流力量喪失，從此以後證達無我的智慧即損害我執的續流的緣故。

不並存相違的間接相違與不並存相違的量所損害相違可得舉例，因為濃煙與冷觸二者即是彼的緣故。濃煙與冷觸二者有法，是不並存相違的間接相違，因為濃煙雖然不能直接損害冷觸，但是凡有濃煙之處，必然有火，而火直接損害冷觸，是從這個角度安立濃煙與冷觸二者是不並存相違的量所損害相違的緣故[378]。

斷除諍論

1

有人說：「烏鴉與貓頭鷹二者有法，應當是不並存相違的直接相違，因為是從趣入直接能害所害的角度而不容續流力量相等並行的實事的緣故。」

因是不成立的，因為這二者既不是直接能害所害，也不是不容續

---

378 **安立濃煙與冷觸二者是不並存相違的量所損害相違的緣故**　果芒本作「安立濃煙為異冷觸二者是不並存相違的量所違害相違的緣故」，上下文義無法連貫，應誤。

流力量相等並行的實事的緣故。

第一個因成立，因為烏鴉既不是貓頭鷹的直接能害，而貓頭鷹也不是烏鴉的直接所害的緣故。

應當如此，因為這二者的勝負不定的緣故。

應當如此，因為這二者之間時而烏鴉勝出，時而貓頭鷹勝出，這是平常人現前即可成立的緣故。

第二個因是成立的，因為這二者不遍一旦相遇，一者便能令另一者的續流力量轉弱的緣故。

應當如此，因為許多時候，這二者一旦相遇，一者未令另一者的續流力量轉弱，而是續流力量相等並行的緣故。

❀ 2

有人說：「慈心與瞋心二者有法，應當是不並存相違的直接相違，因為是從趣入直接能害所害的角度而不容續流力量相等並行的緣故。」

應當如此，因為慈心是瞋心的直接能害，瞋心是慈心的直接所害，而這二者相遇的第二剎那，慈心令瞋心的續流力量轉弱的緣故。

不能承許前面的宗，因為《釋量論》說：『慈心等等與煩惱沒有相違的緣故，不能徹底殲滅罪惡』[379]的緣故」。

---

379 《釋量論》說：『慈心等等與煩惱沒有相違的緣故，不能徹底殲滅罪惡』 引文見法尊法師譯《釋量論略解》作：「慈等愚無違，非極治罰過」。見《釋量論略解》頁556；《丹珠爾》對勘本冊97，頁519。

回答不遍，因為這段教典的意涵是指慈心不能作為瞋心的直接對治的緣故。

3

有人說：「常無常二者有法，應當是互絕相違的直接相違，因為是從否定肯定的角度直接相違的緣故。

如果承許的話，那麼彼二者有法，應當不容有不是他二者其中一者的第三聚，因為他二者是互絕相違的直接相違的緣故。

如果承許的話，彼二者有法，應當容有不是他二者其中一者的第三聚，因為兔子角即是彼的緣故。」

回答不遍，因為兔子角雖然是「不是彼二者其中一者的第三聚」，但是「不是彼二者其中一者的第三聚」不須存在的緣故。

應當如此，因為不是常無常二者其中一者的法不存在的緣故。

第二十五章

大應成的單元

導讀

　　不同於第十七單元〈小應成〉，第十七單元主要討論應成的各種組合結構、如何解析，以及如何承許，這些是在應成本身的範圍中進行討論；到了本單元，則進一步論述應成與正因論式之間的關聯，涉及欲解有法、正因三相等《因類學》相關的內容，實是進入《因類學》的前行鋪墊，因此名為〈大應成〉。

　　本單元著重在應成的性相、應成與能破的概念釐清，以及應成與正因論式之間的關聯，從而論述「引出能立的真實應成」與「不引出能立的真實應成」二者的差異。

　　通常應成最主要的作用，是要利用回答者的主張，成立出回答者當時不同意的觀點，讓回答者陷入自相矛盾，進而不得不放棄原先錯誤的主張，並接受自宗的想法。在此過程中，「引出能立的真實應成」與「不引出能立的真實應成」二者都可能用來達成這個目的。

　　這兩者雖然都是真正的應成，但是前者會轉換出不同於原先應成的另一個正確的正因論式，藉此正面論述自宗的觀點。後者則是直接正面陳述自宗的想法，不會再轉換出另一個正因論式。

　　轉換的方式，是將所顯法與因分別轉換為其反面，並且將所顯法與因原先的位置互換。

　　若以「聲音有法，應當是非所作，因為是常法的緣故」這個應成為例，將其中的「非所作」與「常法」，分別轉換為其反面的「所作」與「無常」，再將二者的位置互換，即成「聲音有法，是無常，因為是所作的緣故」，這是有別於原先的應成的另一個正確的正因論式。因此「聲音有法，應當是非所作，因為是常法的緣故」這個應成，即是「引出能立的真實應成」。

　　但是這個過程是如何發生的？例如有人認為聲音是所作，也是常法，卻又主張凡是常法都是「非所作」，於是自宗就向對方提出上述的應成。這時，對回答者而言，「聲音是常法」以及「凡是常法都是非所作」，這兩點都是他所承認的，因此不能回答「因不成」與「不遍」，但是他不承認聲音是「非所作」，因此又不能回答「承許」，於是陷入無法回答的矛盾狀態，對於自己的主張，不得不產生動搖。這時，自宗接著便會從上述應成轉換出一個正因論式，而提出「聲音有法，是無常，因為是所作的緣故」這個正因論式，讓對方接受聲音是無常的正確概念。

　　因此，凡是會引出能立的應成，就必須能轉換出一個正確的正因論式。在真實應成的前提下，符合這個條件，便是「引出能立的真實應成」，反之則是「不引出能立的真實應成」。

　　到了《因類學》，會對正因論式進行更廣泛地探討。

　　如前所述，應成通常是要拋出回答者當時不同意的觀點，有時甚至刻意要讓回答者陷入自相矛盾的處境，很顯然，如果回答者換成其他人，或者原來的回答者放棄原先的觀點，該應成便失去了原先的效用。

特別是引出能立的真實應成，經常是在某個特定的邏輯背景之下成立的，換了一個討論對象，很可能就不再是引出能立的真實應成。既然如此，什麼樣的條件下，某個應成才會成為真實應成；如何舉出一個應成，可以符合真實應成的條件？這些經常引起學習者的熱烈討論。

解說大應成的單元

破除他宗

1

有人說：「引出對方所不承許的過失的清淨能詮是應成的性相。」

那麼《現觀莊嚴論》有法，應當是應成，因為是引出對方所不承許的過失的清淨能詮的緣故。已經承許周遍了。

如果說因不成立的話，《現觀莊嚴論》有法，應當是引出對方所不承許的過失的清淨能詮，因為是引出承許「痛苦為常法與安樂」者所不承許的過失的清淨能詮的緣故。

應當如此，因為是引出「痛苦是無常與痛苦」的清淨能詮的緣故。

如果承許根本論式的宗，是經論其中一者的話，應當遍是應成，因為《現觀莊嚴論》是應成的緣故。已經承許因了。但是不能如此承許。

2

有人說：「是經論其中一者的話，遍不是應成。」

這應當是不合理的，因為有眾多論所屬的應成，而且也有眾多經所屬的應成的緣故。

第一個因是成立的，因為有眾多論的文詞所屬的應成的緣故。

應當如此，因為有眾多論的文詞所屬的「聲音有法，應當是無常，因為是所作的緣故」這個應成的緣故。

3

有人說：「是應成的話，遍是應成語。」

那麼「因為聲音是實事的緣故」這個應成有法，應當如此，因為如此的緣故。已經承許周遍了。

因是成立的，因為是只陳述因的應成的緣故。

不能承許根本論式的宗，因為他的應成之語不存在的緣故。

4.1

有人說：「應成、能破與詰難三者是同義。」

那麼是能破的話，應當遍是應成，因為應成、能破與詰難三者是同義的緣故。

如果承許的話，那麼對於前諍者陳述「聲音有法，應當是無常，因為是所作的緣故」這個應成，後諍者所回答的「因不成立」有法，應當是應成，因為是能破的緣故。已經承許周遍了。

因是成立的，因為對於前諍者陳述的應成，後諍者所回答的「因不成立」、「相違周遍」、「沒有周遍」，每個都是能破的緣故。

4.2

另外，對於前諍者陳述「聲音有法，是無常，因為是所作的緣故」，後諍者觀擇而回問的「是將瓶子的所作陳述為因，還是將聲音的所作陳述為因？」有法，應當是應成，因為是能破的緣故。已經承許周遍了。

因是成立的，因為是似能破[380]的緣故。

如果說不遍的話，這應當有周遍，因為是似能破的話，遍是能破的緣故。

應當如此，因為是似能破的話，遍是相似的能破的緣故。

5

有人說：「應成與能破二者應當是相違，因為是能破的話，不遍是應成的緣故。」回答不遍。

不能如此承許，因為「聲音有法，應當是非所作，因為是常法的緣故」這個應成是能破的緣故。

應當如此，因為對於承許「聲音是常法」者而言是能破的緣故。

應當如此，因為是對於承許「聲音是常法」者提出能破的緣故。

---

380 **似能破** 藏文為「ལྟ་ཚོད」，指答非所問或者不正確的問難等問答方式。

⚙ 6

有人說：「『聲音有法，是無常，因為是所作的緣故』這個論式應當是應成，因為『聲音有法，應當是無常，因為是所作的緣故』這個應成是應成的緣故。」回答不遍。

如果說因不成立的話，「聲音有法，應當是無常，因為是所作的緣故」這個應成有法，應當是應成，因為是未引出能立的真實應成的緣故。

如果說因不成立的話，「聲音有法，應當是無常，因為是所作的緣故」這個應成有法，應當如此，因為他是因顯周遍三者相互為異，且因顯周遍三者為量所成立的真實應成的緣故。

如果承許根本論式的宗，「聲音有法，是無常，因為是所作的緣故」這個論式有法，應當不是應成，因為不是提出對方所不承許的過失的類別的緣故。

如果說因不成立的話，彼有法，應當如此，因為不是對於自己的反方提出任何的過失，只是為自宗陳述能立的緣故。

⚙ 7

有人說：「是真實應成的話，遍是引出能立的真實應成。」

那麼「有煙的山有法，應當有火，因為有煙的緣故」這個應成有法，應當如此，因為如此的緣故。已經承許周遍了。

如果說因不成立的話，「有煙的山有法，應當有火，因為有煙的緣故」這個應成應當是真實應成，因為「有煙的山有法，有火，因為

有煙的緣故」這個正因論式[381]是真實正因論式的緣故。

如果承許根本論式的宗,「有煙的山有法,應當有火,因為有煙的緣故」這個應成有法,應當不是引出能立的真實應成,因為不是以自己的相反特法,在自己的欲解有法[382]之上成立自己的相反因時,能引出三相[383]的清淨應成語的緣故。

如果說因不成立的話,彼有法,應當不是以自己的相反特法,在自己的欲解有法之上成立自己的相反因時,能引出三相的清淨應成語,因為辨識他的欲解有法時,必須辨識為「有煙的山」;辨識他的相反特法時,必須辨識為「沒有火」;辨識他的相反因時,必須辨識為「沒有煙」,如此一來,「有煙的山有法,沒有煙,因為沒有火的緣故」這個正因論式就必須成為真實正因論式,然而並非如此的緣故。

✿ 8

有人說:「『聲音有法,應當是所作,因為是常法的緣故』這個應成是真實應成。」

---

381 **正因論式** 藏文為「ཚད་སྒྲུབ」。為令聽者證達某件事而安立的論式。如為了讓對方了解聲音是無常,安立「聲音有法,是無常,因為是所作的緣故」這個正因論式。這個論式以「聲音」作為所諍事,「無常」作為所立法,「所作」作為因,其餘的正因論式基本上同樣也都具備這三部分。正因論式可分為清淨正因論式及相似正因論式二者。

382 **欲解有法** 藏文為「ཤེས་འདོད་ཆོས་ཅན」,一般指正因論式中的所諍事,此處則是特指應成的所諍事。

383 **三相** 藏文為「ཚུལ་གསུམ」,指宗法、隨品遍、反品遍三者。

　　那麼「聲音有法，應當是所作，因為是常法的緣故」這個應成有法，他的正周遍[384]應當成立，因為他是真實應成的緣故。

　　如果說不遍的話，這應當有周遍，因為是真實應成的話，他的正周遍遍成立的緣故。

　　如果說因不成立的話，是真實應成的話，他的正周遍應當遍成立，因為是引出能立的真實應成的話，他的正周遍遍成立[385]，而且是未引出能立的真實應成的話，他的正周遍也遍成立的緣故。

　　如果說第一個因不成立的話，是引出能立的真實應成的話，他的因顯二者雖然遍不成立，但是他的正周遍遍成立的緣故。

　　第二個因是成立的，因為是未引出能立的真實應成的話，他的因顯周遍三者遍成立的緣故。

❀ 9

　　有人說：「未引出能立的真實應成有法，他的因顯周遍三者應當成立，因為他是未引出能立的真實應成的緣故。

　　如果說因不成立的話，未引出能立的真實應成應當是未引出能立的真實應成，因為真實應成是真實應成的緣故。

384　**正周遍**　藏文為「དངོས་ཁྱབ」，指論式中因與所顯法之間的周遍關係，可分為是非敘法及有無敘法兩種。以是非敘法來說，泛指是應成的因的話，遍是應成的所顯法；以有無敘法來說，泛指應成的因存在的話，應成的所顯法遍存在。

385　**因為是引出能立的真實應成的話，他的正周遍遍成立**　各莫本原作「因為是引出能立的真實應成的話，他正周遍遍成立」，而拉寺本、果芒本、民族本皆作「因為是引出能立的真實應成的話，他的正周遍遍成立」，應為各莫本漏一「的」字，今依拉寺等本補之。

如果說因不成立的話，真實應成應當是真實應成，因為應成是應成的緣故。

如果說因不成立的話，應成應當是應成，因為應成存在的緣故。」回答不遍。

如果承許前面的宗，那麼真實正因論式應當是真實正因論式，因為真實應成是真實應成的緣故。已經承許因了。

不能如此承許，因為真實正因論式的欲解有法與三相都不成立的緣故[386]。

安立自宗

提出諍論者當時所不承許的過失的類別，是應成的性相。

應成分為相似應成與真實應成兩種。

相似應成分為由於前諍者不善陳述應成，以至於只陳述所顯法的應成、只陳述因的應成與因顯不異的應成等多種。

因為第一者、就像「應當是實事」這個應成；第二者、就像「是成實的緣故」這個應成；第三者、指「聲音有法，應當是實事，因為是實事的緣故」這個應成等等，有諸多因顯不異的應成的緣故。

有真實應成的性相，因為能提出對方所不承許的過失的清淨應成

---

386 **因為真實正因論式的欲解有法與三相都不成立的緣故** 拉寺本作「因為真實正因論式的欲解有法與三相都成立的緣故」，上下文義無法連貫，應誤。

語即是彼的緣故。

真實應成分為兩種，因為有引出能立的真實應成與未引出能立的真實應成二者的緣故。

有引出能立的真實應成的性相，因為以自己的相反特法，在自己的欲解有法上成立自己的相反因時，能引出三相的清淨應成語即是彼的緣故。有其事相，因為「聲音有法，應當是非所作，因為是常法的緣故」這個應成即是彼的緣故。

「聲音有法，應當是非所作，因為是常法的緣故」這個應成，有其間接引出的正因論式，因為「聲音有法，是無常，因為是所作的緣故」這個論式即是彼的緣故。

應當如此，因為必須辨識「聲音」為其欲解有法，「所作」為其相反特法，「無常」為其相反因的緣故。

有未引出能立的真實應成的性相，因為真實應成，而且以他的相反特法，在他的欲解有法之上成立他的相反因時，不具足陳述三相能立即是彼的緣故。有其事相，因為「聲音有法，應當是無常，因為是所作的緣故」這個應成即是彼的緣故。

「聲音有法，應當是無常，因為是所作的緣故」這個應成有法，以他的相反特法，在他的欲解有法之上成立他的相反因時，不具足陳述三相能立，因為辨識他的相反特法時，必須辨識為「常法」；辨識他的相反因時，必須辨識為「非所作」；辨識欲解有法時，必須辨識為「聲音」。如此一來雖然必須說「聲音有法，是非所作，因為是常法的緣故」這個論式具足正因三相，但是卻不具足的緣故。

斷除諍論

❀ 1

有人說：「引出能立的真實應成有法，他應當是以自己的相反特法，在自己的欲解有法之上成立自己的相反因時，能引出三相的清淨應成語，因為這是他的性相的緣故。」回答不遍。

那麼對你而言，非名相有法，應當是不具足假有三法，因為這是他的性相的緣故。

不能如此承許，因為是具足假有三法的緣故。

應當如此，因為是名相的緣故。

❀ 2.1

有人說：「真實應成有法，應當是真實應成，因為有辨識他的因顯所諍三者的方式的緣故。

應當如此，因為是陳述『聲音』為其所諍事，『無常』為其所顯法，『所作』為其因的緣故。

如果承許的話，真實應成有法，應當是未引出能立的真實應成，因為是真實應成，而且是陳述『聲音』為他的所諍事，『無常』為他的所顯法，『所作』為他的因的緣故。」

◈ 2.2

另外，辨識應成的因顯所諍三者時，應當辨識為「聲音」，因為有辨識真實應成的因顯所諍三者的方式，而且這二者相同的緣故。

如果承許的話，那麼應成有法，應當是將「聲音」陳述為因顯二者的應成，因為是以「聲音」作為所諍事，「聲音」作為所顯法，「聲音」作為因的應成的緣故。

如果承許的話，那麼應成有法，應當是因顯不異的應成，因為是將「聲音」陳述為因顯二者的應成的緣故。

如果承許的話，那麼應成有法，是他的話，應當遍是因顯不異的應成，因為他是因顯不異的應成的緣故。已經承許因了。但是不能如此承許。

第二十六章
大因果的單元

導讀

　　本單元名為〈大因果〉，是因為這個單元中討論的因果，稍微跨出經部宗的宗義範圍，隱隱延伸入唯識的見解，討論更廣泛的因果概念。主要依循的典籍是《俱舍論》所提到的：「能作及俱有，同類與相應，遍行并異熟，許因唯六種」、「後因果異熟，前因增上果，同類遍等流，俱相應士用」，以及「說有四種緣，因緣五因性，等無間非後，心心所已生，所緣一切法，增上即能作。」這三段頌文分別介紹不同的因、果、緣。

　　本單元分成因、果、緣三大部份進行說明，第一部份共有六種因，分別是士用因、俱生因、異熟因、同類因、遍行因、相應因。

　　果的部份，則是提到異熟果、等流果、士用果、增上果、離係果，共有五種果。

　　緣當中提到四種緣：因緣、所緣緣、增上緣、等無間緣。

　　本單元探討的六種因、四種緣，其名稱與內涵，與毘婆沙宗的見解大致相通，本單元在論述時也大量引用《俱舍論》的說法。在此之上，進而分析共同面之外，經部宗與毘婆沙宗之間細緻的見解差異。毘婆沙宗認為，任何存在的事物都是能作因，能作因與存在同義；經部宗則認為能作因的範圍僅限於無常，能作因與無常同義，但是某個事物的能作

因容許與那個事物同時存在，因此不見得是那個事物真正的因。

同樣地，毘婆沙宗認為，俱生因意味著真正的因，主張甘蔗是甘蔗的色、香與味的俱生因，所以甘蔗便是其色香味的因，很顯然，因果是可以同時的。經部宗則不認為某個事物的俱生因必定是其真正的因，由於因果不會同時，因此甘蔗雖然是其色香味的俱生因，卻不是其色香味的因。

由此可見，毘婆沙宗與經部宗的主張有許多共通之處，但是也有顯著的不同，本單元清晰地區別其中的差異。

在四種緣的段落，本單元提出凡是心識必有所緣緣，進而針對不同的心識，舉出多種所緣緣的安立方式，因此任何分別心也都有所緣緣。如月格西指出，這樣的觀點是唯識見的主張，而不是經部宗本身的承許。經部宗認為，並非所有心識都有所緣緣，因為凡是所緣緣一定是無常，所以很多分別心不具備所緣緣。

一般而言，《攝類學》所討論的領域是集中在經部宗的範圍。然而本單元卻提及部份唯識的觀念，這也成為《攝類學》單元結束之後，接著過渡到上部宗義，如唯識見解的《集論》、《瑜伽師地論》，一個承先啟後的過門銜接。

解說大因果的單元

破除他宗

🌸 1.1

有人說：「是因的話，遍是六種因。」

那麼色法有法，應當是六種因，因為是因的緣故。已經承許周遍了。

如果承許的話，那麼色法有法，應當是異熟因、相應因、遍行因三者，因為是六種因的緣故。

如果承許的話，那麼色法有法，應當是善[387]不善[388]其中一者，因為是異熟因的緣故。

如果說不遍的話，這應當有周遍，因為是異熟因的話，遍是善不善其中一者的緣故。

---

387 **善** 藏文為「དགེ་བ」，一般指能引生自己的悅意果的法。

388 **不善** 藏文為「མི་དགེ་བ」，一般指能引生自己的不悅意果的法。

因為如《俱舍論》[389]說：「唯有不善與諸有漏善是異熟因」的緣故。

如果承許前面的宗，色法有法，應當不是善不善其中一者，因為是無記[390]的緣故。

應當如此，因為是色法的緣故。

1.2

另外，色法有法，應當是心識，因為是相應因的緣故。

---

389 **《俱舍論》** 《俱舍論》，七部對法論要義的攝頌，阿毘達磨部論典，又名《阿毘達磨俱舍論本頌》，共8品，世親菩薩造。漢譯本有陳真諦三藏譯《阿毘達磨俱舍釋論》22卷；唐玄奘大師譯《阿毘達磨俱舍論本頌》1卷，共二種。世親菩薩為無著菩薩的主要弟子與胞弟，又名婆藪槃豆、伐蘇畔度。出生於5世紀，為婆羅門種姓，年少奉母命出家，不久即博通三藏，為窮究一切學說，往迦濕彌羅依止眾賢阿闍黎（Samghabhadra），成為著名的小乘學者，然其不許大乘為佛說。曾見兄長所造的大乘論，不相信是從慈氏所學，於是毀謗大乘。無著菩薩為除其邪執，派遣比丘晨昏依次誦唸《無盡慧經》、《十地經》，世親菩薩一聽即悟，故往依止無著菩薩，為除謗法重罪，註釋五十種大乘經疏，令許多小乘行者迴小向大。此師因修持秘密主獲得成就，能憶持世上所有的佛經。後住持那爛陀寺，每日講說大乘不同教法二十座，攝集諸法心要予以破立。曾以明咒迅速止息火災、瘟疫，五百次破斥外道，導入佛教；說法造論時恆有天人散花、非人貢獻寶藏，成為二勝六莊嚴之一，壽近百年。著名的著作有《俱舍論》、《唯識二十頌》、《唯識三十頌》等。著名弟子當中，般若教授勝於己者為聖解脫軍菩薩，對法勝於己者為安慧論師，因明量論勝於己者為陳那菩薩，律藏勝於己者為功德光論師四人。此論是專門解釋小乘部對法的論著，為世親菩薩聽聞《大毘婆沙論》等對法論後，攝其要義所撰寫。其文精鍊，內容包羅萬象，第一、二品廣泛剖析五蘊、十二處、十八界。第三品抉擇苦諦，說明情器世間的形成方式。第四、五品抉擇集諦，廣釋業及煩惱所有體性支分等。第六品抉擇滅道二諦，闡述道之所緣、入道之法、得道行者果位次第。第七、八品，描述透過修行所獲的功德。此論為五部大論主要教材之一。引文唐玄奘大師譯《阿毘達磨俱舍論本頌》作：「異熟因不善，及善唯有漏」。見《大正藏》冊29，頁313；《丹珠爾》對勘本冊79，頁13。

390 **無記** 藏文為「ལུང་མ་བསྟན」，指善不善以外的法。

如果說不遍的話，這應當有周遍，因為相應因去掉總體或合併[391]等等的話，遍是心與心所其中一者的緣故。

因為如《俱舍論》說：「心與心所同依者是相應因」[392]的緣故。

◎ 1.3

另外，色法有法，應當是有染[393]，因為是遍行因的緣故。

如果說不遍的話，這應當有周遍，因為是遍行因的話，遍是有染的緣故。

因為如《俱舍論》說：「所謂的遍行是指有染」[394]的緣故。

不能承許根本論式的宗，因為有無邊的他所屬的非有染的緣故。

◎ 2.1

有人說：「是彼法的六種因其中一者的話，遍是彼法的因。」

---

391 **總體或合併**　總體，如「人間的色法有法，應當是內色，因為是色法，又不是外色的緣故」這個應成的所諍事，由於本身具有內色與外色的成份，以至於無法承許，但是因成立，又有周遍的狀態下，這類的所諍事即是總體。合併，如「量與非量二者有法，應當是量，因為是覺知，又不是非量的緣故」這個應成的所諍事，由於安立兩個例子以上，以至於無法回答承許，但是因成立又有周遍的狀態下，這類的所諍事即是合併。

392 **《俱舍論》說：「心與心所同依者是相應因」**　引文唐玄奘大師譯《阿毘達磨俱舍論本頌》作：「相應因決定，心心所同依」。見《大正藏》冊29，頁313；《丹珠爾》對勘本冊79，頁13。

393 **有染**　藏文為「ཉོན་མོངས་ཅན」，在此特指煩惱。

394 **《俱舍論》說：「所謂的遍行是指有染」**　引文唐玄奘大師譯《阿毘達磨俱舍論本頌》作：「遍行謂前遍，為同地染因」。見《大正藏》冊29，頁313；《丹珠爾》對勘本冊79，頁13。

那麼瓶子有法，應當是自己的聚合體中所存在的八種塵質的因，因為是彼的六種因其中一者的緣故。已經承許周遍了。

如果說因不成立的話，瓶子有法，應當是自己的聚合體中所存在的八種塵質的六種因其中一者，因為是彼的俱有因的緣故。

如果說因不成立的話，瓶子有法，他應當是他的聚合體中所存在的八種塵質的俱有因，因為他是聚八塵質的結合體的緣故。

如果承許根本論式的宗，瓶子有法，應當不是自己的聚合體中所存在的八種塵質的因，因為是與彼同時形成的緣故。

✿ 2.2

另外，意的識有法，他應當是他的從屬所屬的五遍行心所的因，因為他是他的從屬所屬的五遍行心所的俱有因的緣故。已經承許周遍了。

如果說因不成立的話，意的識有法，他應當是他的從屬所屬的五遍行心所的俱有因，因為他是心王的緣故。

✿ 3

這麼說了之後，有人說：「意的識有法，他應當不是他的從屬所屬的五遍行心所的俱有因，因為他的從屬所屬的五遍行心所是他的俱有因的緣故[395]。」回答不遍。

---

395 **因為他的從屬所屬的五遍行心所是他的俱有因的緣故**　各莫本原作「因為他的從屬所屬的五遍行心所是他的俱所屬因的緣故」，而拉寺本、果芒本、民族本皆作「因為他的從屬所屬的五遍

因是成立的，因為意的識既是自己的從屬所屬的五遍行心所的俱有果，自己的從屬所屬的五遍行心所也是意的識的俱有果的緣故。

因為如《俱舍論》說：「凡是俱有者皆互為果」[396]的緣故。

◉ 4

有人說：「是心識的話，遍是異熟因。」

那麼眼的識有法，應當是異熟因，因為是心識的緣故。已經承許周遍了。

如果承許的話，那麼眼的識有法，應當是有漏善與不善其中一者，因為是異熟因的緣故。

因為如《俱舍論》說：「唯有不善與諸有漏善是異熟因」的緣故。

不能承許根本論式的宗，因為是無記的緣故。

◉ 5

有人說：「是某個自果所屬的異熟的因的話，遍是異熟因。」

那麼惡趣的命根有法，應當如此，因為如此的緣故。已經承許周遍了。

行心所是他的俱有因的緣故」。按，俱所屬（ཕན་ཚིག་འགྱུར）應為俱有（ཕན་ཚིག་འབྱུང），之訛字，故依拉寺等本改之。

396 《俱舍論》說：「凡是俱有者皆互為果」　引文唐玄奘大師譯《阿毘達磨俱舍論本頌》作：「俱有互為果」。見《大正藏》冊29，頁313；《丹珠爾》對勘本冊79，頁12。

如果說因不成立的話，惡趣的命根有法，應當如此，因為他的果所屬的異熟存在的緣故。

如果說因不成立的話，惡趣的命根有法，他的果所屬的異熟應當存在，因為他是惡趣的命根的緣故。

❀ 6

有人說：「是成實的話，應當遍是能作因，因為是與瓶子為異的法的話，遍是瓶子的能作因的緣故。

應當如此，因為一切有部[397]如此承許的緣故。」

回答不遍，因為一切有部雖然如此承許，但是經部[398]在此時不如此承許的緣故。

應當如此，因為經部在此時承許「是能作因的話，遍是實事」的緣故。

❀ 7

有人說：「是瓶子的能作因的話，遍是瓶子的因。」

這應當是不合理的，因為瓶子的能作因中有諸多與瓶子同時的法的緣故。

---

397 **一切有部** 藏文為「ཉེ་བག་སྨྲ་བ」，四部宗義之一，不承許自證、習氣與義共相，承許外境存在的小乘宗義，又稱毗婆沙宗，可細分為中印度、印度邊境及喀什米爾三區的毗婆沙宗學說。

398 **經部** 藏文為「མདོ་སྡེ་བ」，四部宗義之一，承許習氣、義共相與外境皆存在的小乘宗義，分為隨教行經部宗及隨理行經部宗。

如果說因不成立的話，瓶子的能作因中應當有諸多與瓶子同時的事物，因為經部在此時承許瓶子的能作因中有瓶子未存在而令新生的因、已生令住的因與令住而產生增長的因等等多種的緣故。

8

有人說：「是實事的話，他的四種緣遍存在。」

那麼色法有法，應當如此，因為如此的緣故。已經承許周遍了。

如果承許的話，那麼色法有法，他的所緣緣與等無間緣二者都應當存在，因為他的四種緣存在的緣故。

如果承許的話，色法有法，他的所緣緣與等無間緣二者都應當不存在，因為他的所緣緣不存在，而且其等無間緣也不存在的緣故。

每個因都成立，因為他是物質的緣故。

9.1

有人說：「是物質的話，他的所緣緣與等無間緣二者應當不遍都不存在，因為瓶子的等無間緣存在的緣故。

如果說因不成立的話，瓶子的等無間緣應當存在，因為瓶子的直接近取因即是彼的緣故。

如果說因不成立的話，瓶子的直接近取因有法，應當是瓶子的等無間緣，因為是瓶子的緣，而且是在瓶子之前無間所生的緣故。」回答不遍。

如果說第一個因不成立的話，瓶子的直接近取因有法，應當是瓶

子的緣，因為是瓶子的增上緣的緣故。

如果說因不成立的話，瓶子的直接近取因有法，應當是瓶子的增上緣，因為是瓶子的因的緣故。

如果說不遍的話，這應當有周遍，因為彼有為法的緣、彼有為法的增上緣與彼有為法的因三者是同義異名的緣故。

如果承許前面的宗，瓶子有法，他的等無間緣應當不存在，因為他的相應等無間緣不存在的緣故。

如果說因不成立的話，瓶子有法，他的相應等無間緣應當不存在，因為將他生為清晰明了的緣不存在的緣故。

如果說因不成立的話，瓶子有法，將他生為清晰明了的緣應當不存在，因為他不是清晰且明了的緣故。

如果說因不成立的話，瓶子有法，他應當不是清晰且明了，因為他是物質的緣故。

如果說前面的因不周遍的話，這應當有周遍，因為彼法的「相應等無間緣」的「相應」，其意涵必須解作「彼緣與彼果二者同為清晰明了」，而「緣」必須解作「能將其果生為清晰明了」，而且不是心識則不應如此的緣故。

9.2

另外，瓶子有法，他的所緣緣應當不存在，因為他不現起任何法的行相的緣故。

如果說因不成立的話，瓶子有法，他應當不現起任何法的行相，

因為他是物質的緣故。

　　前面的因應當有周遍，因為其法的所緣緣的意涵，必須解作「主要將其法生為具有彼境行相的一個緣」，而不能僅是其緣的緣故。

　　應當如此，因為執藍眼識的所緣緣的意涵，必須解作「主要將執藍眼識生為具有藍色行相的一個緣」。雖然其不共增上緣所屬的眼根也存在，但是那不是主要將執藍眼識生為具有藍色行相的緣。同樣地，其他心識同理可推的緣故。

❀ 10

　　有人說：「執藍眼識的增上緣所屬的眼根有法，他應當是將執藍眼識生為具有藍色行相的緣，因為他是將執藍眼識生為在六處之中執取藍色的不共的緣的緣故。」回答不遍。

　　因是成立的，因為眼根是將眼識生為在六處之中執取色處的不共的緣的緣故。

　　應當如此，因為六識別別辨識六境是不共增上緣的效用的緣故。

　　因為如《量經》[399]說：「由於是不共的因的緣故，因此以根作

399　**《量經》**　《量經》，量論部經典，全名《集量論》，共6品，陳那菩薩造，漢譯本有法尊法師譯《集量論略解》6卷。陳那菩薩，佛教新因明學開派祖師（約公元6～7世紀），梵語Dinnāga音譯，義譯方象。菩薩生於南印度的婆羅門家族，精通所有吠陀典籍。由強猛的出離心策動，不貪戀高貴種姓、財富及廣大的弟子眷屬，於犢子部的親教師象授尊前出家，取名方象，依此師精研聲聞宗義。又到世親菩薩前聽受大小乘眾多教法，特別是彌勒菩薩所傳的大乘口訣，能持誦五百部大乘經典。此後修持文殊法門而親見本尊，能隨時聽到本尊說法。曾以辯才擊敗無數外道，為各僧團廣說三藏，大弘佛教。著述本論時，雖屢遭外道阻撓，終因文殊菩薩勸勉鼓勵，將百部零散因明論著之扼要彙集而成《集量論》。陳那菩薩長時駐錫於沃枳毗夏

為他的名言」的緣故。

◎ 11

有人說：「六識從不共增上緣的角度而分別應當是不合理的，因為執聲耳識的不共增上緣所屬的舌根存在的緣故。

如果說因不成立的話，執聲耳識的不共增上緣所屬的舌根應當存在，因為執聲耳識的增上緣所屬的舌根存在的緣故。」回答不遍。

如果說因不成立的話，執聲耳識的增上緣所屬的舌根應當存在，因為執聲耳識的因所屬的舌根存在的緣故。

應當如此，因為由舌根為增上緣而聽到言語的執聲耳識存在的緣故。

◎ 12

有人說：「眼識有法，應當是意識，因為是依於自己的不共增上緣意根的心識的緣故。

如果說因不成立的話，眼識有法，應當是依於自己的不共增上緣

（ཤེར་ཕྱིན）地區的僻靜岩洞中一心專修，親見諸佛、獲得數百種三摩地，感天降花雨，樹木、鮮花、群獸俯首致敬，令該地王臣皈信佛教，建立十六座大寺及十六大僧團。為使人們於佛教生信，曾用諦語力令乾枯的大樹恢復生機，最後在岩洞中示寂，出現許多稀有的瑞兆。著有《集量論》及其《自釋》、《因明正理門論》、《八千頌攝義》等諸多論著傳世，著名的弟子有自在軍論師（Śaṅkarasvamin）。《集量論》為因明學的根本論著，故取名為《量經》，主要闡述清淨正因論式、現量、比量等等的差異，破斥外道學說，成立三寶等。引文法尊法師譯《集量論略解》作：「是不共因故，彼名由根說」。見《集量論略解》頁343；《丹珠爾》對勘本冊97，頁3。

意根的心識，因為是依於自己的增上緣意根的心識的緣故。」回答不遍。

如果說因不成立的話，眼識有法，應當是依於自己的增上緣意根的心識，因為是心識的緣故。

如果承許根本論式的宗，眼識有法，他應當不能在六處之中不共執取色處[400]，因為他是依於自己的不共增上緣意根的有情相續中的心識的緣故。

不能如此承許，因為是與這個有法為一的緣故。

◉ 13

有人說：「瓶子的等無間緣應當存在，因為瓶子的因所屬的心識即是彼的緣故。」

瓶子的因所屬的心識有法，應當不是瓶子的等無間緣，因為不是將瓶子生為清晰明了的緣的緣故。

如果說因不成立的話，瓶子的因所屬的心識有法，應當不是將瓶子生為清晰明了的緣，因為將瓶子生為清晰明了的緣不存在的緣故。

如果說因不成立的話，瓶子有法，將他生為清晰明了的緣應當不存在，因為他是物質的緣故。

---

400 **他應當不能在六處之中不共執取色處** 拉寺本、果芒本、民族本皆作「應當不能在他的六處之中不共執取色處」，上下文義無法連貫，應誤。

14

有人說：「藍色有法，應當是執藍眼識的等無間緣，因為是將執藍眼識生為清晰明了的緣的緣故。

如果說因不成立的話，藍色有法，應當是將執藍眼識生為清晰明了的緣，因為是能生執藍眼識的緣，而且生出執藍眼識的話，必須將之生為清晰明了的緣故。」回答不遍。

如果說因不成立的話，執藍眼識有法，生出他的話，應當必須將他生為清晰明了，因為他是清晰且明了的緣故。

15

有人說：「眼根有法，應當不是眼識的不共增上緣，因為不是眼識的增上緣的緣故。

如果說因不成立的話，眼根有法，應當不是眼識的增上緣，因為是眼識的因緣的緣故。」

回答不遍，因為任何有為法的因緣與增上緣二者必須安立為同義的緣故。

16

有人說：「是彼法的五種因其中一者的話，遍是彼法的因。」

那麼瓶子有法，應當是瓶子的聚合體中所存在的四大種的因，因為是瓶子的聚合體中所存在的四大種的五種因其中一者的緣故。已經承許周遍了。

因是成立的，因為是瓶子的聚合體中所存在的四大種的俱有因的緣故。

如果說因不成立的話，瓶子有法，他應當是他的聚合體中所存在的四大種的俱有因，因為他是聚八塵質的結合體的緣故。

如果承許根本論式的宗，瓶子有法，應當不是瓶子的聚合體中所存在的四大種的因，因為不是瓶子的聚合體中所存在的四大種的因緣的緣故。

如果說不遍的話，這應當有周遍，因為經部在此時承許任何有為法的因緣與因二者都是同義的緣故。

⬡ 17

有人說：「應當不得安立藍色為執藍眼識的所緣緣，因為不得安立藍色為執取藍色的分別心的所緣緣的緣故。」

回答不遍，因為眼識所屬的諸量的所緣緣必須安立為自己的所量的色處，而諸分別心則非如此的緣故。

應當如此，因為分別心的所緣緣必須安立為自己的等無間緣之上的某一個習氣[401]的緣故。

---

401 **分別心的所緣緣必須安立為自己的等無間緣之上的某一個習氣** 根據如月格西解釋，此處已涉及唯識宗的觀點，而非經部宗本身的主張。經部宗認為所緣緣一定是實事，因此任何心識雖然都有各自的所緣境，但是不一定有所緣緣，例如執取常法的分別心。而大格西功德海與哲蚌赤巴仁波切則認為，不僅所緣緣一定是實事，四種緣一定是實事。同時經部宗也承許分別心一定有所緣緣，因為四部宗義都承許任何心識都必須具有四緣。

18.1

有人說：「一切現前識的所緣緣都應當安立為自己的執取相境，因為從眼識的量乃至身識的量的所緣緣都是安立一個自己的執取相境的緣故。」回答不遍。

不能如此承許，因為諸瑜伽現前識的所緣緣必須安立為自己的因所屬的止觀雙運三摩地；遍智的所緣緣則必須安立為自己的因所屬的三大阿僧祇劫的資糧，與諸根識不同的緣故。

18.2

另外，一切顛倒識的所緣緣都應當不存在，因為你的所緣緣的安立方式合理的緣故。

不能如此承許，因為是心識的話，他的所緣緣遍存在的緣故。

應當如此，因為諸顛倒分別心的所緣緣大致上是安立為自己的等無間緣之上的某一個習氣；諸不分別的顛倒識的所緣緣則有諸多不同的安立方式的緣故。

應當如此，因為顯現一個月亮為兩個月亮的根識的所緣緣是安立為一個月亮與天空；顯現陽焰為水的根識的所緣緣是安立為白沙與日光；顯現幻化牛馬的根識的所緣緣是安立為幻術的施咒物[402]等等，有無數種的緣故。

---

402 **施咒物** 藏文為「སྔགས་རྫས」，魔術師在施展幻術時，以魔術咒所加持的物品，如孔雀羽毛、紙張、人偶、沙子，甚至眼睛看不到的灰塵。這些物品經過咒語加持之後，觀看者便會產生幻覺，而見為其他種種事物。

19

有人說：「是前四種果其中一者的話，遍是果。」

那麼解脫有法，應當是果，因為是前四種果其中一者的緣故。已經承許周遍了。

如果說因不成立的話，解脫有法，應當是前四種果其中一者，因為是離係果的緣故。

如果說因不成立的話，解脫有法，應當是離係果，因為是滅諦的緣故。

如果說不遍的話，這應當有周遍，因為離係果與滅諦二者是同義的緣故。

如果承許根本論式的宗，解脫有法，應當不是果，因為是常法的緣故。

20

有人說：「是士用果的話，遍是滅諦。」

那麼遍智有法，應當是滅諦，因為是士用果的緣故。已經承許周遍了。

如果說因不成立的話，遍智有法，應當是士用果，因為是現證一切法的究竟智慧的緣故。

21

有人說：「是果的話，遍是前四種果。」

那麼遍智有法，應當是前四種果，因為是果的緣故。已經承許周遍了。

如果承許的話，那麼遍智有法，應當是異熟果，因為是前四種果的緣故。

如果承許的話，那麼遍智有法，應當是異熟，因為是異熟果的緣故。

如果承許的話，那麼遍智有法，應當是無記，因為是異熟的緣故。

周遍，因為《俱舍論》說：「異熟是無記的法」[403]的緣故。

如果承許前面的宗，遍智有法，應當不是無記，因為是善的緣故。

如果說因不成立的話，遍智有法，應當是善，因為是道的緣故。

❁ 22

有人說：「三惡趣處的山與房舍等等是自因不善業的異熟果。」

那麼三惡趣處的山與房舍等等有法，應當是有情相續所攝持，因為是異熟果的緣故。

如果說不遍的話，這應當有周遍，因為是異熟果的話，遍是有情相續所攝持的緣故。

---

403 《俱舍論》說：「異熟是無記的法」　引文唐玄奘大師譯《阿毘達磨俱舍論本頌》作：「異熟無記法」。見《大正藏》冊29，頁313；《丹珠爾》對勘本冊79，頁13。

因為如《俱舍論》說：「詮說有情有記後生」[404]的緣故。

周遍，因為「詮說有情」即顯示異熟果遍是有情相續所攝持；「有記後生」即解說異熟果遍是隨於自因善不善而生的緣故。

🏵 23

有人說：「是彼法的果的話，遍是彼法的等流果。」

那麼證瓶子為實事的量有法，應當是瓶子的等流果，因為是瓶子的果的緣故。已經承許周遍了。

如果說因不成立的話，瓶子有法，證他為實事的量應當是他的果，因為他是實事的緣故。

如果承許前面的宗，證瓶子為實事的量有法，瓶子應當是他的同類因，因為他是瓶子的等流果的緣故。

不能如此承許，因為瓶子與他二者是不同類的緣故。

應當如此，因為瓶子與他二者不是同一類別的緣故。

🏵 24

有人說：「是彼法的異熟果的話，遍不是彼法的士用果。」

那麼惡趣的命根有法，應當不是自因不善業的士用果，因為是自因不善業的異熟果的緣故。已經承許周遍了。

因是成立的，因為是惡趣的命根的緣故。

404　《俱舍論》說：「詮說有情有記後生」　引文唐玄奘大師譯《阿毘達磨俱舍論本頌》作：「有情有記生」。見《大正藏》冊29，頁313；《丹珠爾》對勘本冊79，頁13。

如果承許根本論式的宗，惡趣的命根有法，應當是自因不善業的士用果[405]，因為是彼的增上果的緣故。

如果說因不成立的話，惡趣的命根有法，應當是自因不善業的增上果，因為自因不善業是他的增上緣的緣故。

應當如此，因為自因不善業是他的因的緣故。

❀ 25

有人說：「解脫有法，應當是果，因為是士用果的緣故。

如果說因不成立的話，解脫有法，應當是士用果，因為是能獲得自己的無間道的士用果的緣故。

應當如此，因為《俱舍論》中如此宣說[406]的緣故。」

回答不遍，因為那是一切有部的派規，此時經部宗不如此承許的緣故。

❀ 26

有人說：「他的士用果存在的話，他遍是士夫。」

那麼瓶子有法，他應當是士夫，因為他的士用果存在的緣故。

如果說因不成立的話，瓶子有法，他的士用果應當存在，因為他

---

405 **應當是自因不善業的士用果** 民族本作「應當是自因不善的士夫生果」，上下文義無法連貫，此處「士夫生果」（ᠨᠩᠡᠰ）應為士用果（ᠨᠩᠡᠰ）之訛字。

406 **《俱舍論》中如此宣說** 引文唐玄奘大師譯《阿毘達磨俱舍論本頌》作：「離繫由慧盡，若因彼力生，是果名士用」。見《大正藏》冊29，頁313；《丹珠爾》對勘本冊79，頁13。

是實事的緣故。

　　如果說不遍的話，這應當有周遍，因為是彼實事的果的話，遍是彼實事的士用果的緣故。

❁ 27

　　有人說：「瓶子的果有法，應當不是瓶子的士用果，因為是瓶子的增上果的緣故。」回答不遍。

　　如果說因不成立的話，瓶子的果有法，應當是瓶子的增上果，因為瓶子是他的能作因的緣故。

　　因為如《俱舍論》說：「所謂的能作因，是說增上」[407]的緣故。

安立自宗

　　有六種因的列舉方式，因為當列舉異熟因、俱有因、能作因、同類因、遍行因、相應因這六者的緣故。

　　有四種緣的列舉方式，因為當列舉因緣、增上緣、所緣緣、等無間緣這四者的緣故。

　　有五種果的列舉方式，因為當列舉異熟果、等流果、士用果、增上果、離係果這五者的緣故。

407　《俱舍論》說：「所謂的能作因，是說增上」　引文唐玄奘大師譯《阿毘達磨俱舍論本頌》作：「增上即能作」。見《大正藏》冊29，頁313；《丹珠爾》對勘本冊79，頁13。

異熟因可得舉例，因為有漏善與不善其中一者與異熟因二者同義的緣故。

能作因、俱有因、同類因三者可得舉例，因為這三者都與實事同義的緣故。

遍行因可得舉例，因為煩惱遍行與遍行因二者同義的緣故。

相應因可得舉例，因為相應因與證他心識二者同義的緣故。

異熟果可得舉例，因為異熟果遍是無記的緣故。

無記不遍是異熟果，因為相續所不攝持的瓶子與柱子等等是無記，卻不是異熟果的緣故。

相續所攝持的善不善等等不是異熟果，因為不是無記的緣故。

士用果與增上果二者可得舉例，因為彼二者與有為法等同義的緣故。

等流果可得舉例，因為除了第一剎那的無漏識之外的一切有為法都是彼的緣故。

離係果可得舉例，因為離係果與滅諦二者同義的緣故。

有四種緣的解說方式，因為因緣、增上緣與所緣緣三者是與實事為是等遍，而等無間緣是與心識為是等遍的緣故。

有自己的因緣的法，與有自己的增上緣的法二者是與實事為是等遍。

有自己的所緣緣的法，與有自己的等無間緣的法二者是與心識為是等遍。

斷除諍論

1

　　有人說：「有漏善與不善二者有法，應當是善不善其中一者，因為是異熟因的緣故。」

　　回答：論式結構有過失[408]，因為是說「去掉總體或合併等等的話，是異熟因的話，遍是善不善其中一者」的緣故。

2

　　有人說：「自證有法，應當是證他心識，因為是相應因的緣故。

　　如果說因不成立的話，自證有法，應當是相應因，因為是心識的緣故。」回答不遍。

　　不能如此承許，因為沒有任何與他相應的心與心所的緣故。

　　應當如此，因為他是自證的緣故。

---

408 **回答：論式結構有過失**　一般而言，自宗承許「是異熟因的話，遍是善不善其中一者」，是以單一事例作為所諍事的前提下成立，但是當他宗以「有漏善與不善二者」問難時，這二者既非不善，也不是有漏善，所以無法承許。但是這兩者確實是異熟因，所以這個論式的因與周遍也都是成立的。在此自宗無法回答四種回答任何一者，因此特別強調這樣的周遍是基於去掉總體與合併的前提下而成立。

唵梭帝斯伊達木。

在廣博的智慧虛空中，所知的色澤如同帝釋弓一般耀眼而不相雜，大放清淨正理的萬道光彩。

正理自在陳那與法稱制勝一切！在能王教法之中有如能王第二，照耀講修四洲的勝日啊！

善慧第二勝者並其弟子，以及妙音笑金剛父子制勝一切！從正理教典廣大水藏中善為取出，閃耀著無垢正理的雪白光屑，以此智者頸嚴珍寶瓔珞[409]為代表，隨念開啟解脫道的眼目[410]。

由此出版的白淨之力，願已逝世的教法大力施主，能夠斷捨無暇之處，善為延續殊勝的依身，趣向地道而速疾圓滿究竟。祈願對於教法具有增上意樂的善妙教主——

額爾喀夏惹與其子壽命堅固，恆常受用圓滿喜樂，任運成辦自他二利吉祥來！

管家嘎千洛桑確迥、繕寫者比丘洛桑敦珠、製版者比丘昂旺確佩、比丘昂旺楚臣等等，祈願現前息除一切障礙、心想事成，無礙地速疾成就究竟大菩提。

以無誑上師本尊三寶的力量，護法勇父空行的事業，無誑緣起法性的諦實力，希望能如所希願而成辦，眾生遠離損害，荷起教法的善妙重擔，令講修的教法如日光耀！

---

409 **智者頸嚴珍寶瓔珞**　比喻本論。

410 **開啟解脫道的眼目**　指開啟解脫道的上師。

祈願我等從此刻起生生世世中，永不遠離大乘善知識，以增上意樂的肩輿擔起一切如母眾生，用無上的甘露速疾令其滿足。

祈願具足吉祥十力吉祥來！祈願興隆講修教法吉祥來！

祈願戰勝一切違品吉祥來！祈願戲樂圓滿功德吉祥來！

文殊怙主講說自在首座昂旺札西，在札西奇的三十個班級中傳授三十次不同的《攝類學》課程，其中由複誦師剎日或名複誦師洛桑喀秋筆錄的這部《攝類學》，在攝類學高級理路的部份廣略適宜，極為妙善。

在札西奇出版時，雖然曾令具有阿壩果透[411]之名的格西昂旺加措作了校訂，但由於最初的筆記底本略有缺衍訛誤，因此再次進行校對後，在十四繞迴鐵猴年，出版於講修教法生源處吉祥扎西奇寺。

願善妙增長。薩爾瓦芒嘎朗。

大慈恩‧月光國際譯經院真如老師總監，哲蚌赤巴仁波切、大格西功德海、如月格西授義，主譯譯師釋如法2016年10月10日初稿譯訖。2017年9月9日與主校譯師釋性忠、審義譯師釋性理、參異譯師釋性說會校訖。譯場行政：釋性回、釋性暖

---

411 **阿壩果透** 藏文為「ཇ་བ་གོ་ཐོན་」，依據哲蚌赤巴仁波切解釋，果透為理解、會意之意，蓋此格西講課時，時常說「就理解的角度來講的話」（意指這樣的講法不能算嚴格的定義，只能幫助理解）故當地人對該格西有此暱稱。

附 錄

小應成單元
應成結構解析

小應成單元應成結構解析

　　第十七章小應成的單元中「破他宗」第35至第39小節，主要描述相當複雜而多層次之應成結構，為本單元最難理解的段落。為使讀者領會其中奧義，在此稍作分段解析，希望以此幫助讀者減輕理解的難度。

　　在解析中，以不同顏色與醒目標示來呈現應成結構的演變：

咖啡色：應成中的所諍事

綠　色：應成中的所顯法

藍　色：應成中的因

粗　體：在解析的過程中，即將替代為所顯法的「他」字或替代
　　　　　掉「他」字的內容

灰　底：在遮遣處的作用下所加入的疊加內容（詳細內容請參閱
　　　　　第39小節的解析）

原文

◈ **35**

　　有人說：「『應當是他，因為是他的緣故這個應成有法，應當是實事，因為是實事的緣故這個應成有法，他應當是與他為一，因為是成實的緣故。』回答承許這個應成的所顯法，則不應該推算為『承許應當是他，因為是他的緣故這個應成有法，應當是實事，因為是實事的緣故這個應成是與應當是他，因為是他的

緣故這個應成有法，應當是實事，因為是實事的緣故這個應成為
一』，因為是無我的緣故。」

回答承許之後，如果說：「落入直接相違」則回答不會落
入，因為前面提問時，雖然是如此回答，但是對此回答承許，則
理應推算為「承許『應當是他，因為是他的緣故這個應成有法，
應當是實事，因為是實事的緣故這個應成應當是與應當是他，因
為是他的緣故這個應成有法，應當是實事，因為是實事的緣故這
個應成為一，因為是成實的緣故。』回答承許這個應成的所顯
法，則不該推算為『承許應當是應當是他，因為是他的緣故這個
應成有法，應當是實事，因為是實事的緣故這個應成，因為是應
當是他，因為是他的緣故這個應成有法，應當是實事，因為是實
事的緣故這個應成的緣故這個應成有法，應當是實事，因為是實
事的緣故這個應成，是與應當是應當是他，因為是他的緣故這個
應成有法，應當是實事，因為是實事的緣故這個應成，因為是應
當是他，因為是他的緣故這個應成有法，應當是實事，因為是實
事的緣故這個應成的緣故這個應成有法，應當是實事，因為是實
事的緣故這個應成為一』」，並且也可以回答承許，而如此推算
不會落入直接相違的緣故。

解析

第一段當中，自宗與他宗針對同一段話有不同的理解方式，他宗
理解為：

「『應當是他，因為是他的緣故這個應成有法，應當是實
事，因為是實事的緣故這個應成有法，他應當是與他為一，因為
是成實的緣故。』回答承許這個應成的所顯法，則不應該推算為
『承許應當是他，因為是他的緣故這個應成有法，應當是實事，
因為是實事的緣故這個應成是與應當是他，因為是他的緣故這個
應成有法，應當是實事，因為是實事的緣故這個應成為一』，因
為是無我的緣故。」

乍看之下，前後的推算方式似乎正確，他宗的反難應當不成立。
但是從自宗的理解而言，這整段話當中包含了許多應成，「應當是
他，因為是他的緣故這個應成有法，應當是實事，因為是實事的緣故
這個應成有法」既然放在最開頭，則「應當是他，因為是他的緣故這
個應成有法，應當是實事，因為是實事的緣故這個應成」就成了整段
話的所諍事，而從「他應當是與他為一」一直到「這個應成為一」都
是所顯法的內容。換言之，自宗將他宗提出的這整段話視為一個完整
的應成，這段話裡所有的子應成，都包含在「應當是他，因為是他的
緣故這個應成有法，應當是實事，因為是實事的緣故這個應成有法」
「他應當是與他為一⋯為一」「因為是無我的緣故」這個母應成之
內。因此，如果以顏色區分這個應成的因顯所諍三者，則變成：

有人說：「『應當是他，因為是他的緣故這個應成有法，應
當是實事，因為是實事的緣故這個應成有法，**他**應當是與**他**為
一，因為是成實的緣故。』回答承許這個應成的所顯法，則不應

該推算為『承許應當是**他**，因為是**他**的緣故這個應成有法，應當是實事，因為是實事的緣故這個應成是與應當是**他**，因為是**他**的緣故這個應成有法，應當是實事，因為是實事的緣故這個應成為一』，因為是無我的緣故。」

　　既然「應當是他，因為是他的緣故這個應成有法，應當是實事，因為是實事的緣故這個應成」是整個應成的所諍事，那麼回答承許這個應成時，這個所諍事就會替代所顯法當中每一個「他」字。他宗顯然是在這段話當中安立出兩個應成，彼此不相係屬；沒有一個總體的所諍事，所以回答承許時，「他」字自然不會被替代。根據藏文的語法結構，自宗認為他宗這種理解方式是不正確的，用所諍事替代每一個「他」字之後，承許的結論便與他宗不同。

　　需要說明的是，這裡自宗與他宗討論的焦點，集中在一段話的因顯所諍三者的位置如何界定，以及界定之後的結論是什麼、如何表達，而非討論某一個應成要回答什麼才是正確答案。

　　對於上一個應成回答承許，而用所諍事替代每一個「他」字之後，結果如下：

　　「承許『**應當是他，因為是他的緣故這個應成有法，應當是實事，因為是實事的緣故這個應成**應當是與**應當是他，因為是他的緣故這個應成有法，應當是實事，因為是實事的緣故這個應成**為一，因為是成實的緣故。』回答承許這個應成的所顯法，則不

該推算為『承許應當是**應當是他，因為是他的緣故這個應成有**法，應當是實事，因為是實事的緣故這個應成，因為是應當是他，因為是他的緣故這個應成有法，應當是實事，因為是實事的緣故這個應成**的緣故這個應成有法，應當是實事，因為是實事的緣故這個應成，是與應當是**應當是他，因為是他的緣故這個應成有法，應當是實事，因為是實事的緣故這個應成，因為是應當是他，因為是他的緣故這個應成有法，應當是實事，因為是實事的緣故這個應成**的緣故這個應成有法，應當是實事，因為是實事的緣故這個應成為一。』

　　原先所顯法當中所有的「他」，都被「應當是他，因為是他的緣故這個應成有法，應當是實事，因為是實事的緣故這個應成」所代替。這時，所要計算的應成變成只有因顯二者的應成，以顏色區分如下：

　　　　應當是他，因為是他的緣故這個應成有法，應當是實事，因為是實事的緣故這個應成應當是與應當是他，因為是他的緣故這個應成有法，應當是實事，因為是實事的緣故這個應成為一，因為是成實的緣故。

　　既然沒有所諍事，所以對這個應成回答承許時，正確的推算方式，只需將所顯法重述一遍即可，因此※P538L1的一大段承許方式都是不正確的。後面幾個小節也以此類推。

※P540L1的承許內容，如果以顏色區分其因顯所諍三者，則變成：

應當是應當是他，因為是他的緣故這個應成有法，應當是實事，因為是實事的緣故這個應成，因為是應當是他，因為是他的緣故這個應成有法，應當是實事，因為是實事的緣故這個應成的緣故這個應成有法，應當是實事，因為是實事的緣故這個應成，是與應當是應當是他，因為是他的緣故這個應成有法，應當是實事，因為是實事的緣故這個應成，因為是應當是他，因為是他的緣故這個應成有法，應當是實事，因為是實事的緣故這個應成的緣故這個應成有法，應當是實事，因為是實事的緣故這個應成為一。

雖然這個內容本身正確，但是並非回答承許※P537L17那個應成之後的正確推算方式，所以自宗認為，用所諍事替代「他」字之後，這整段話的推算方式是錯誤的。

以下幾節篇幅較大，有些包含兩組問答在其中，因此區分成幾段來解釋。

原文

⚙ 36

有人說：「應當是他，因為是他的緣故這個應成有法，應當是實事，因為是實事的緣故這個應成有法，應當是他，因為是他的緣故這個應成有法，應當是實事，因為是實事的緣故這個應成

應當是具有因顯所諍三者的應成，因為是無我的緣故。」

可以回答承許，因為推算時，理應推算為「承許應當是應當是他，因為是他的緣故這個應成有法，應當是實事，因為是實事的緣故這個應成，因為是應當是他，因為是他的緣故這個應成有法，應當是實事，因為是實事的緣故這個應成的緣故這個應成有法，應當是實事，因為是實事的緣故這個應成是具有因顯所諍三者的應成」的緣故。

解析

第一段應成的因顯所諍三者，以顏色區分如下：

應當是他，因為是他的緣故這個應成有法，應當是實事，因為是實事的緣故這個應成有法，應當是**他**，因為是**他**的緣故這個應成有法，應當是實事，因為是實事的緣故這個應成應當是具有因顯所諍三者的應成，因為是無我的緣故。

回答承許時，用所諍事替代「他」字，則變成：

應當是**應當是他，因為是他的緣故這個應成有法，應當是實事，因為是實事的緣故這個應成**，因為是**應當是他，因為是他的緣故這個應成有法，應當是實事，因為是實事的緣故這個應成**的緣故這個應成有法，應當是實事，因為是實事的緣故這個應成是具有因顯所諍三者的應成。

回答承許之後的這個應成，其因顯所諍三者的位置發生變化，其

中幾個子應成都被併入所諍事當中。以顏色區分如下：

應當是應當是他，因為是他的緣故這個應成有法，應當是實事，因為是實事的緣故這個應成，因為是應當是他，因為是他的緣故這個應成有法，應當是實事，因為是實事的緣故這個應成的緣故這個應成有法，應當是實事，因為是實事的緣故這個應成是具有因顯所諍三者的應成。

在這段問答結束後，有人提出另外的觀點：

原文

這麼說了之後，有人說：「『應當是他，因為是他的緣故這個應成有法，應當是實事，因為是實事的緣故這個應成有法，應當是他，因為是他的緣故這個應成有法，應當是實事，因為是實事的緣故這個應成，應當是具有因顯所諍三者的應成，因為是無我的緣故。』回答承許這個應成的所顯法，則不應該推算為『承許應當是應當是他，因為是他的緣故這個應成有法，應當是實事，因為是實事的緣故這個應成，因為是應當是他，因為是他的緣故這個應成有法，應當是實事，因為是實事的緣故這個應成的緣故這個應成有法，應當是實事，因為是實事的緣故這個應成是具有因顯所諍三者的應成』，因為是無我的緣故。」

回答承許之後，如果說：「落入直接相違」，則回答不會落入，因為前面提問時，雖然是如此回答，但是對此回答承許，則可以回答承許的緣故。

對此可以回答承許，因爲對此回答承許，則理應推算爲
[1]「承許[2]『[3]「應當是應當是他，因爲是他的緣故這個應成有法，應
當是實事，因爲是實事的緣故這個應成，因爲是應當是他，因爲
是他的緣故這個應成有法，應當是實事，因爲是實事的緣故這個
應成的緣故這個應成有法，應當是實事，因爲是實事的緣故這個
應成應當是具有因顯所諍三者的應成，因爲是無我的緣故。」[3]
回答承許這個應成的所顯法，則不該推算爲[4]「承許[5]『應當是應當
是應當是他，因爲是他的緣故這個應成有法，應當是實事，因爲
是實事的緣故這個應成，因爲是應當是他，因爲是他的緣故這個
應成有法，應當是實事，因爲是實事的緣故這個應成的緣故這個
應成有法，應當是實事，因爲是實事的緣故這個應成，因爲是應
當是應當是他，因爲是他的緣故這個應成有法，應當是實事，因
爲是實事的緣故這個應成，因爲是應當是他，因爲是他的緣故這
個應成有法，應當是實事，因爲是實事的緣故這個應成的緣故這
個應成有法，應當是實事，因爲是實事的緣故這個應成的緣故這
個應成有法，應當是實事，因爲是實事的緣故』這個應成，是
具有因顯所諍三者的應成。」[5]』[4]」[2]」[1]而且回答承許這種應成的所
顯法，確實不該如此推算的緣故。

解析

在第一段話當中，同樣地，他宗並未將整段話視爲一個完整的應
成，而是認爲這段話當中包含兩個不同的應成。自宗則將「應當是

他，因為是他的緣故這個應成有法，應當是實事，因為是實事的緣故這個應成」作為這一整段話的所諍事，回答承許時會分別替代所顯法當中的每一個「他」字。以顏色區分因顯所諍三者如下：

這麼說了之後，有人說：「『應當是他，因為是他的緣故這個應成有法，應當是實事，因為是實事的緣故這個應成有法，應當是**他**，因為是**他**的緣故這個應成有法，應當是實事，因為是實事的緣故這個應成，應當是具有因顯所諍三者的應成，因為是無我的緣故。』回答承許這個應成的所顯法，則不應該推算為『承許應當是應當是**他**，因為是**他**的緣故這個應成有法，應當是實事，因為是實事的緣故這個應成，因為是應當是**他**，因為是**他**的緣故這個應成有法，應當是實事，因為是實事的緣故這個應成的緣故這個應成有法，應當是實事，因為是實事的緣故這個應成是具有因顯所諍三者的應成』，因為是無我的緣故。」

雖然在上一小節，他宗提出※P539L18的問句時，自宗回答承許的推算方式，亦即※P540L2的內容是正確的，而他宗在此將前後這兩部份整合成一段話時，這段話的字句看起來也完全沒有改變，然而這時因顯所諍三者已與原先完全不同，原先的推算方式這時已經不再適用，所以自宗會提出看似相違的答案，其實是對新的因顯所諍三者的組合所做的正確推算。特別是用所諍事替代「他」字之後，整段話的面貌又會完全改觀，因顯所諍三者的界定也與原先不相同。

用所諍事替代※P543L6的每一個「他」字之後，則變成：

承許「應當是**應當是他，因為是他的緣故這個應成有法，應當是實事，因為是實事的緣故這個應成**，因為是**應當是他，因為是他的緣故這個應成有法，應當是實事，因為是實事的緣故這個應成**的緣故這個應成有法，應當是實事，因為是實事的緣故這個應成應當是具有因顯所諍三者的應成，因為是無我的緣故。」回答承許這個應成的所顯法，則不該推算為承許「『應當是應當是**應當是他，因為是他的緣故這個應成有法，應當是實事，因為是實事的緣故這個應成**，因為是**應當是他，因為是他的緣故這個應成有法，應當是實事，因為是實事的緣故這個應成**的緣故這個應成有法，應當是實事，因為是實事的緣故這個應成，因為是應當是**應當是他，因為是他的緣故這個應成有法，應當是實事，因為是實事的緣故這個應成**，因為是**應當是他，因為是他的緣故這個應成有法，應當是實事，因為是實事的緣故這個應成的緣故這個應成**有法，應當是實事，因為是實事的緣故這個應成的緣故這個應成有法，應當是實事，因為是實事的緣故』這個應成，是具有因顯所諍三者的應成。」

這一段若以顏色區分其因顯所諍三者，則變成：

承許「應當是應當是他，因為是他的緣故這個應成有法，應當是實事，因為是實事的緣故這個應成，因為是應當是他，因為是他的緣故這個應成有法，應當是實事，因為是實事的緣故這個

應成的緣故這個應成有法，應當是實事，因為是實事的緣故這個應成應當是具有因顯所諍三者的應成，因為是無我的緣故。」回答承許這個應成的所顯法，則不該推算為承許「『應當是應當是應當是他，因為是他的緣故這個應成有法，應當是實事，因為是實事的緣故這個應成，因為是應當是他，因為是他的緣故這個應成有法，應當是實事，因為是實事的緣故這個應成的緣故這個應成有法，應當是實事，因為是實事的緣故這個應成，因為是應當是應當是他，因為是他的緣故這個應成有法，應當是實事，因為是實事的緣故這個應成，因為是應當是他，因為是他的緣故這個應成有法，應當是實事，因為是實事的緣故這個應成的緣故這個應成有法，應當是實事，因為是實事的緣故這個應成的緣故這個應成有法，應當是實事，因為是實事的緣故』這個應成，是具有因顯所諍三者的應成。」

原先所顯法當中所有的「他」，都被「應當是他，因為是他的緣故這個應成有法，應當是實事，因為是實事的緣故這個應成」所代替。如同上文顏色區分所示，這時所要計算的應成變成只有因顯二者的應成，所以回答承許時只需將所顯法的部分複述一遍即可。※P545L3的一大段內容，雖然也包含另一個具有因顯所諍三者的完整應成，但是對於這個應成而言，這不是回答承許之後正確的推算方式。

原文

◉ 37

　　有人說：「他有法，應當是實事，因為是實事的緣故這個應成有法，應當是他，因為是他的緣故這個應成有法，應當是他，因為是他的緣故這個應成應當是因顯不異的應成，因為是無我的緣故。」

　　可以回答承許，因為推算時，理應推算為「承許應當是他有法，應當是實事，因為是實事的緣故這個應成，因為是他有法，應當是實事，因為是實事的緣故這個應成的緣故這個應成有法，應當是他有法，應當是實事，因為是實事的緣故這個應成，因為是他有法，應當是實事，因為是實事的緣故這個應成的緣故這個應成是因顯不異的應成」的緣故。

解析

　　對於他宗提出的問題，以顏色區分因顯所諍三者如下：

　　有人說：「他有法，應當是**實事**，因為是**實事**的緣故這個應成有法，應當是**他**，因為是**他**的緣故這個應成有法，應當是**他**，因為是**他**的緣故這個應成應當是因顯不異的應成，因為是無我的緣故。」

　　回答承許時，用所諍事替代「他」字則變成：

　　「承許應當是**他有法，應當是實事，因為是實事的緣故這個**

應成，因為是**他有法，應當是實事，因為是實事的緣故這個應成**的緣故這個應成有法，應當是**他有法，應當是實事，因為是實事的緣故這個應成**，因為是**他有法，應當是實事，因為是實事的緣故這個應成**的緣故這個應成是因顯不異的應成。」

這個應成為何是因顯不異的應成？這個回答當中的應成，如果以顏色區分其因顯所諍三者，則變成：

「應當是他有法，應當是實事，因為是實事的緣故這個應成，因為是他有法，應當是實事，因為是實事的緣故這個應成的緣故這個應成有法，應當是他有法，應當是實事，因為是實事的緣故這個應成，因為是他有法，應當是實事，因為是實事的緣故這個應成的緣故。」

如上所示，這個應成的因與所顯法內容完全相同，確實是一個因顯不異的應成。

在這段問答結束後，有人提出另外的觀點：

原文

這麼說了之後，有人說：「『他有法，應當是實事，因為是實事的緣故這個應成有法，應當是他，因為是他的緣故這個應成有法，應當是他，因為是他的緣故這個應成應當是因顯不異的應成，因為是無我的緣故。』回答承許這個應成的所顯法，則不應

該推算為『承許應當是他有法，應當是實事，因為是實事的緣故這個應成，因為是他有法，應當是實事，因為是實事的緣故這個應成的緣故這個應成有法，應當是他有法，應當是實事，因為是實事的緣故這個應成，因為是他有法，應當是實事，因為是實事的緣故這個應成的緣故這個應成是因顯不異的應成』，因為是無我的緣故。」

　　回答承許之後，如果說：「落入直接相違」，則回答不會落入，因為前面提問時，雖然是如此回答，但是對此回答承許，則理應推算為[1]「承許[2]『[3]「應當是他有法，應當是實事，因為是實事的緣故這個應成，因為是他有法，應當是實事，因為是實事的緣故這個應成的緣故這個應成有法，應當是他有法，應當是實事，因為是實事的緣故這個應成，因為是他有法，應當是實事，因為是實事的緣故這個應成的緣故這個應成應當是因顯不異的應成」[3]，因為是無我的緣故。』[2]回答承許這個應成的所顯法，則不該推算為[4]『承許[5]「應當是他有法，應當是實事，因為是實事的緣故這個應成有法，應當是實事，因為是實事的緣故這個應成，因為是他有法，應當是實事，因為是實事的緣故這個應成有法，應當是實事，因為是實事的緣故這個應成的緣故這個應成有法，應當是他有法，應當是實事，因為是實事的緣故這個應成有法，應當是實事，因為是實事的緣故這個應成，因為是他有法，應當是實事，因為是實事的緣故這個應成有法，應當是實事，因為是實事的緣故這個應成的緣故這個應成是因顯不異的應成。」[5]』[4]」[1]

而如此推算不會落入直接相違的緣故。

解析

在上一小節，針對他宗提出※P546L2的問句，雖然自宗在
※P546L6回答承許的推算方式是正確的，但是他宗在此將前後兩部
份整合成一段話而提出問難，這時便出現新的因顯所諍三者，對此回
答承許的推算方式也不能與先前相同。

以顏色區分這段話的因顯所諍三者如下：

這麼說了之後，有人說：「『他有法，應當是實事，因為是
實事的緣故這個應成有法，應當是**他**，因為是**他**的緣故這個應成
有法，應當是**他**，因為是**他**的緣故這個應成應當是因顯不異的應
成，因為是無我的緣故。』回答承許這個應成的所顯法，則不應
該推算為『承許應當是**他**有法，應當是實事，因為是實事的緣故
這個應成，因為是**他**有法，應當是實事，因為是實事的緣故這個
應成的緣故這個應成有法，應當是**他**有法，應當是實事，因為是
實事的緣故這個應成，因為是**他**有法，應當是實事，因為是實事
的緣故這個應成的緣故這個應成是因顯不異的應成』，因為是無
我的緣故。」

回答承許時，用所諍事替代「他」字則變成：
「應當是**他**有法，應當是實事，因為是實事的緣故這個應

成，因為是**他有法，應當是實事，因為是實事的緣故這個應成的**緣故這個應成有法，應當是**他有法，應當是實事，因為是實事的緣故這個應成**，因為是**他有法，應當是實事，因為是實事的緣故這個應成**的緣故這個應成應當是因顯不異的應成，因為是無我的緣故。」回答承許這個應成的所顯法，則不該推算為「承許應當是**他有法，應當是實事，因為是實事的緣故這個應成**有法，應當是實事，因為是實事的緣故這個應成，因為是**他有法，應當是實事，因為是實事的緣故這個應成**有法，應當是實事，因為是實事的緣故這個應成的緣故這個應成有法，應當是**他有法，應當是實事，因為是實事的緣故這個應成**有法，應當是實事，因為是實事的緣故這個應成，因為是**他有法，應當是實事，因為是實事的緣故這個應成**有法，應當是實事，因為是實事的緣故這個應成的緣故這個應成是因顯不異的應成。」

如上所示，這時所要計算的應成是一個具有因顯所諍三者的應成，而所顯法當中有兩個「他」字，因此回答承許時，用所諍事替代「他」字之後，正確的推算方式如下：

「應當是**應當是他有法，應當是實事，因為是實事的緣故這個應成，因為是他有法，應當是實事，因為是實事的緣故這個應成的緣故這個應成**有法，應當是實事，因為是實事的緣故這個應成，因為是**應當是他有法，應當是實事，因為是實事的緣故這個應成，因為是他有法，應當是實事，因為是實事的緣故這個應成**

的緣故這個應成有法，應當是實事，因為是實事的緣故這個應成的緣故這個應成應當是因顯不異的應成。」

因此，※P548L15的「應當是他有法，應當是實事，因為是實事的緣故這個應成有法，應當是實事，因為是實事的緣故這個應成，因為是他有法，應當是實事，因為是實事的緣故這個應成有法，應當是實事，因為是實事的緣故這個應成的緣故這個應成有法，應當是他有法，應當是實事，因為是實事的緣故這個應成有法，應當是實事，因為是實事的緣故這個應成，因為是他有法，應當是實事，因為是實事的緣故這個應成有法，應當是實事，因為是實事的緣故這個應成的緣故」這個應成，雖然其中的因與所顯法二者也相同，確實是一個因顯不異的應成，但是對於此處所計算的應成而言，這不是回答承許之後，正確的推算方式。

原文

❀ 38

有人說：「『他是與他為一所屬的所知有法，他是與他為一所屬的存在有法，他應當是與他為一，因為是無我的緣故。』回答承許這個應成的所顯法，則理應推算為『承許他是與他為一所屬的所知是與他是與他為一所屬的所知為一所屬的存在有法，他是與他為一所屬的所知是與他是與他為一所屬的所知為一』。」

解析

　　若以顏色區分因顯所諍三者，並且以黑框標示出回答承許之後，所諍事替代「他」字的情形，則變成：

　　「**他**是與**他**為一所屬的所知有法，**他**是與**他**為一所屬的存在有法，**他**應當是與**他**為一，因為是無我的緣故。」回答承許這個應成的所顯法，則理應推算為「承許**他是與他為一所屬的所知**是與**他是與他為一所屬的所知**為一所屬的存在有法，**他是與他為一所屬的所知**是與**他是與他為一所屬的所知**為一。」

　　在此，「他是與他為一所屬的所知」是所諍事，「他是與他…為一」是所顯法，因此回答承許時，推算結果如上。

　　在這段問答結束後，有人提出另外的觀點：

原文

　　這麼說了之後，有人說：「『他是與他為一所屬的所知有法，他是與他為一所屬的存在有法，他應當是與他為一，因為是無我的緣故。』回答承許這個應成的所顯法，則不應該推算為『承許他是與他為一所屬的所知是與他是與他為一所屬的所知為一所屬的存在有法，他是與他為一所屬的所知是與他是與他為一所屬的所知為一』，因為是無我的緣故。」

　　回答承許之後，如果說：「落入直接相違」則回答不會落入，因為前面提問時，雖然是如此回答，但是對此回答承許，則

理應推算為「承許『他是與他為一所屬的所知是與他是與他為一所屬的所知為一所屬的存在有法，他是與他為一所屬的所知應當是與他是與他為一所屬的所知為一，因為是無我的緣故。』回答承許這個應成的所顯法，則不該推算為『承許他是與他為一所屬的所知是與他是與他為一所屬的所知為一所屬的所知是與他是與他為一所屬的所知是與他是與他為一所屬的所知為一所屬的所知為一所屬的存在有法，他是與他為一所屬的所知是與他是與他為一所屬的所知為一所屬的所知是與他是與他為一所屬的所知是與他是與他為一所屬的所知為一所屬的所知為一』」，而如此推算不會落入直接相違的緣故。

解析

前面※P551L14的內容中雖然包含一個應成，但是整段話本身並非以應成的形式呈現。他宗將該段話的內容反過來，以應成的形式再問一遍。反問之後，※P552L13這一段話當中的因顯所諍三者就會出現新的變化，以顏色區分如下：

這麼說了之後，有人說：「『他是與他為一所屬的所知有法，**他**是與**他**為一所屬的存在有法，**他**應當是與**他**為一，因為是無我的緣故。』回答承許這個應成的所顯法，則不應該推算為『承許**他**是與**他**為一所屬的所知是與**他**是與**他**為一所屬的所知為一所屬的存在有法，**他**是與**他**為一所屬的所知是與**他**是與**他**為一所屬的所知為一』，因為是無我的緣故。」

在回答承許時，會用所諍事替代每一個「他」字，而成為：

「承許『**他是與他為一所屬的所知是與他是與他為一所屬的所知**為一所屬的存在有法，**他是與他為一所屬的所知**應當是與**他是與他為一所屬的所知**為一，因為是無我的緣故。』回答承許這個應成的所顯法，則不該推算為『承許**他是與他為一所屬的所知**是與**他是與他為一所屬的所知**為一所屬的所知是與**他是與他為一所屬的所知**是與**他是與他為一所屬的所知**為一所屬的所知為一所屬的存在有法，**他是與他為一所屬的所知**是與**他是與他為一所屬的所知**為一所屬的所知是與**他是與他為一所屬的所知**是與**他是與他為一所屬的所知**為一所屬的所知為一。』」

若以顏色區分其因顯所諍三者，則變成：

「承許『他是與他為一所屬的所知是與他是與他為一所屬的所知為一所屬的存在有法，**他**是與**他**為一所屬的所知應當是與**他**是與**他**為一所屬的所知為一，因為是無我的緣故。』回答承許這個應成的所顯法，則不該推算為『承許他是與他為一所屬的所知是與他是與他為一所屬的所知為一所屬的所知是與他是與他為一所屬的所知是與他是與他為一所屬的所知為一所屬的所知為一所屬的存在有法，他是與他為一所屬的所知是與他是與他為一所屬的所知為一所屬的所知是與他是與他為一所屬的所知是與他為一所屬的所知為一所屬的所知為一。』」

這時，所要計算的應成是一個具足因顯所諍三者的應成，因此回答承許時正確的推算方式，應該是用所諍事替代所顯法的四個「他」字，而成為：

「他是與他為一所屬的所知是與他是與他為一所屬的所知為一所屬的存在是與他是與他為一所屬的所知是與他是與他為一所屬的所知為一所屬的存在為一所屬的所知是與他是與他為一所屬的所知是與他是與他為一所屬的所知為一所屬的存在是與他是與他為一所屬的所知是與他是與他為一所屬的所知為一所屬的存在為一所屬的所知為一。」

這個推算的結論與※P551L16的推算結果完全不同，而且當中不該再有「有法」一詞，所以自宗認為※P551L16的推算結果是不正確的。

原文

⚙ 39

自宗認為：「瓶子的遮遣處有法之上他有法，柱子的遮遣處有法之上他有法，應當是柱子的遮遣處，因為沒有柱子的緣故。」回答承許這個應成的所顯法，則理應推算為「承許瓶子的遮遣處有法之上他有法之上柱子的遮遣處有法之上瓶子的遮遣處有法之上他有法之上瓶子的遮遣處有法之上他有法，在瓶子的遮遣處有法之上他有法之上是柱子的遮遣處。」

　　這麼說了之後，有人說：「『瓶子的遮遣處有法之上他有法，柱子的遮遣處有法之上他有法，應當是柱子的遮遣處，因為沒有柱子的緣故。』回答承許這個應成的所顯法，則不應該推算為『承許瓶子的遮遣處有法之上他有法之上柱子的遮遣處有法之上瓶子的遮遣處有法之上他有法之上瓶子的遮遣處有法之上他有法，在瓶子的遮遣處有法之上他有法之上是柱子的遮遣處』，因為是無我的緣故。」

　　回答承許之後，如果說：「落入直接相違」則回答不會落入，因為前面提問時，雖然是如此回答，但是對此回答承許，則理應推算為「承許『瓶子的遮遣處有法之上他有法之上柱子的遮遣處有法之上瓶子的遮遣處有法之上他有法之上瓶子的遮遣處有法之上他有法，在瓶子的遮遣處有法之上他有法之上應當是柱子的遮遣處，因為瓶子的遮遣處有法之上他有法之上沒有柱子的緣故。』回答承許這個應成的所顯法，則不該推算為『承許瓶子的遮遣處有法之上瓶子的遮遣處有法之上他有法之上瓶子的遮遣處有法之上他有法之上柱子的遮遣處有法之上瓶子的遮遣處有法之上瓶子的遮遣處有法之上他有法之上瓶子的遮遣處有法之上他有法之上瓶子的遮遣處有法之上瓶子的遮遣處有法之上他有法之上瓶子的遮遣處有法之上他有法，在瓶子的遮遣處有法之上瓶子的遮遣處有法之上他有法之上瓶子的遮遣處有法之上他有法之上是柱子的遮遣處』」，而如此推算不會落入直接相違的緣故。

解析

前面的單元中曾以「遍智」為例介紹過，在問答的過程中，由於遍智第六囀聲的作用，當遍智與「證…的量」組合在一起，遍智會視情況疊加兩次以上。本單元在此則提到，當應成的所諍事當中出現「…的遮遣處」時，為了表達出遮遣處的作用，回答承許時也會視情況產生不同的疊加方式。

以顏色區分第一段的因顯所諍三者如下：

自宗認為：「瓶子的遮遣處有法之上他有法，柱子的遮遣處有法之上**他**有法，應當是柱子的遮遣處，因為沒有柱子的緣故。」

如同瓶子的遮遣處不會整體否定瓶子存在的狀況，所以在一般的狀況下，瓶子的遮遣處並非瓶子的遮遣處，以免產生瓶子不存在的過失。只有在瓶子的遮遣處的範圍之內，瓶子的遮遣處才會否定在這個範圍內的瓶子，而成為在這個範圍之內瓶子的遮遣處。簡言之，瓶子的遮遣處是否瓶子的遮遣處，是在某個沒有瓶子的地方之上討論的，這便是「瓶子的遮遣處有法之上瓶子的遮遣處」的意涵。基於這樣的觀點，因此回答承許這類的應成論式時，以「瓶子的遮遣處有法之上他有法，柱子的遮遣處有法之上他有法，應當是柱子的遮遣處，因為沒有柱子的緣故」這個應成為例，在「柱子的遮遣處有法」以及「應當是」這兩處前面都會疊加一次「瓶子的遮遣處之上他之上」，以表明這樣的討論都是在「瓶子的遮遣處之上他」這個所諍事之上進行

的。這樣的疊加，即是遮遣處的作用所導致的現象。同時，所顯法當中還有「他」字，所以回答承許時，也必須將所諍事加入其中。若以灰底字標示疊加的遮遣處，以黑框標示所諍事替代「他」字的情形，就會變成：

「承許瓶子的遮遣處有法之上他有法之上柱子的遮遣處有法之上**瓶子的遮遣處有法之上他有法之上瓶子的遮遣處有法之上他**有法，在瓶子的遮遣處有法之上他有法之上是柱子的遮遣處」

第一句「瓶子的遮遣處有法之上他有法之上」是基於遮遣處的作用而疊加的部分；「柱子的遮遣處有法之上」是原先所顯法當中的內容，其後原本的「他」字必須取代為所諍事的內容，由於這個所諍事是某一種遮遣處，為了表明這個遮遣處是局限於特定的範圍內，所以在「他」字當中同樣也必須呈現出遮遣處的作用而進行疊加，因此取代之後就變成「瓶子的遮遣處有法之上他有法之上瓶子的遮遣處有法之上他」。其中，前半段的「瓶子的遮遣處有法之上他有法之上」是基於遮遣處的作用而疊加的部分，後半段的「瓶子的遮遣處有法之上他」則是原先的「他」字所代表的所諍事。最後的「有法」，是原本的「他」字之後所顯法的內容。

同樣地，對於※P555L15的應成，自宗回答承許的推算方式是正確的，但是他宗接著將該應成與自宗的回答整合成一整段話，這時便出現新的因顯所諍三者，對此回答承許的推算方式就會不同。

以顏色區分整合後的因顯所諍三者如下：

這麼說了之後，有人說：「『瓶子的遮遣處有法之上他有法，柱子的遮遣處有法之上**他**有法，應當是柱子的遮遣處，因為沒有柱子的緣故。』回答承許這個應成的所顯法，則不應該推算為『承許瓶子的遮遣處有法之上**他**有法之上柱子的遮遣處有法之上瓶子的遮遣處有法之上**他**有法之上瓶子的遮遣處有法之上**他**有法，在瓶子的遮遣處有法之上**他**有法之上是柱子的遮遣處』，因為是無我的緣故。」

這時「瓶子的遮遣處有法之上他」是整段話的所諍事，所顯法當中有五個「他」，因此回答承許時，必須用所諍事替代每一個「他」字。如前所述，由於代入的每一個所諍事都是遮遣處，因此代入時都必須呈現出遮遣處的作用而進行疊加。所以每一個「他」字替代為所諍事時，都會變成「瓶子的遮遣處有法之上他有法之上瓶子的遮遣處有法之上他」。回答承許之後的結論，若以顏色區分其因顯所諍三者，並以灰底字標示疊加的遮遣處，以黑框標示所諍事替代「他」字的情形，則變成：

「承許『瓶子的遮遣處有法之上他有法之上柱子的遮遣處有法之上**瓶子的遮遣處有法之上他有法之上瓶子的遮遣處有法之上他**有法，在瓶子的遮遣處有法之上他有法之上應當是柱子的遮遣處，因為瓶子的遮遣處有法之上他有法之上沒有柱子的緣故。』回答承許這個應成的所顯法，則不該推算為『承許瓶子的遮遣處

有法之上**瓶子的遮遣處有法之上他有法之上瓶子的遮遣處有法之上他**有法之上柱子的遮遣處有法之上瓶子的遮遣處有法之上**瓶子的遮遣處有法之上他有法之上瓶子的遮遣處有法之上他**有法之上瓶子的遮遣處有法之上**瓶子的遮遣處有法之上他有法之上瓶子的遮遣處有法之上他**有法，在瓶子的遮遣處有法之上**瓶子的遮遣處有法之上他有法之上瓶子的遮遣處有法之上他**有法之上是柱子的遮遣處。』」

如同上文顏色區分所示，這時所要計算的應成是：

瓶子的遮遣處有法之上他有法之上柱子的遮遣處有法之上瓶子的遮遣處有法之上他有法之上瓶子的遮遣處有法之上他有法，在瓶子的遮遣處有法之上他有法之上應當是柱子的遮遣處，因為瓶子的遮遣處有法之上他有法之上沒有柱子的緣故。

這是一個具有因顯所諍三者的應成，因此回答承許時，正確的推算方式應該是：

瓶子的遮遣處有法之上他有法之上柱子的遮遣處有法之上瓶子的遮遣處有法之上他有法之上瓶子的遮遣處有法之上他有法之上瓶子的遮遣處有法之上**瓶子的遮遣處有法之上他有法之上柱子的遮遣處有法之上瓶子的遮遣處有法之上他有法之上瓶子的遮遣處有法之上他有法之上瓶子的遮遣處有法之上他有法之上柱子的遮遣處有法之上瓶子的遮遣處有法之上他有法之上瓶子的遮遣處**

有法之上他有法之上是柱子的遮遣處。

　　第一句「瓶子的遮遣處有法之上他有法之上柱子的遮遣處有法之上瓶子的遮遣處有法之上他有法之上瓶子的遮遣處有法之上他有法之上」是基於遮遣處的作用而疊加的部分；「瓶子的遮遣處有法之上」是原先所顯法當中的內容，其後原本的「他」字必須取代為所諍事的內容，由於這個所諍事是某一種遮遣處，所以在「他」字當中的這個所諍事本身必須再疊加一次，以表明這個遮遣處是局限於特定的範圍內。因此取代之後就變成「瓶子的遮遣處有法之上他有法之上柱子的遮遣處有法之上瓶子的遮遣處有法之上他有法之上瓶子的遮遣處有法之上他有法之上瓶子的遮遣處有法之上他有法之上柱子的遮遣處有法之上瓶子的遮遣處有法之上他有法之上瓶子的遮遣處有法之上他」。其中，前半段的「瓶子的遮遣處有法之上他有法之上柱子的遮遣處有法之上瓶子的遮遣處有法之上他有法之上瓶子的遮遣處有法之上他有法之上」是基於遮遣處的作用而疊加的部分，後半段的「瓶子的遮遣處有法之上他有法之上柱子的遮遣處有法之上瓶子的遮遣處有法之上他有法之上瓶子的遮遣處有法之上他」則是原先的「他」字所代表的所諍事。最後的「有法之上是柱子的遮遣處」，是原本的「他」字之後所顯法的內容。

　　而前述※P559L21「承許瓶子的遮遣處有法之上**瓶子的遮遣處有法之上他有法之上**瓶子的遮遣處有法之上他有法之上柱子的遮遣處有法之上瓶子的遮遣處有法之上**瓶子的遮遣處有法之上他有法之上**瓶子

的遮遣處有法之上他有法之上瓶子的遮遣處有法之上**瓶子的遮遣處有法之上他有法之上**瓶子的遮遣處有法之上他有法，在瓶子的遮遣處有法之上**瓶子的遮遣處有法之上他有法之上**瓶子的遮遣處有法之上他有法之上是柱子的遮遣處」這個推算結果則與此不同，所以自宗認為不應該那樣推算。

結語

　　綜上所述，在這幾個小節當中，他宗每一次提問時，所講述的那一段話都會與之前有所不同，因此每一段話的因顯所諍三者也隨之產生變化，而自宗的回答也因此跟著調整。雖然他宗每次都會提出與前面自宗所承許的回答相反的立宗，但是自宗依然回答承許。乍看之下，自宗似乎總是與上一個回答直接相違，實際上是針對每一次因顯所諍三者發生變化之後，重新解讀新的因顯所諍三者而作出的回答。所以正確地界定每一段話當中因顯所諍三者的位置，才能明白自宗提出每一個回答的理由，這正是〈小應成〉所要幫助學習者培養出的最主要的概念。

量論前行論叢
攝類學、心類學、因類學
綜述

目錄

壹、量學的主體內涵

藏傳格魯派所建立的顯教學習制度中，以五部大論做為學習的主軸。而五部大論的學程中，首先必須經過兩三年的時間，學習量論的前行課程，掌握了思辨邏輯及基礎法相之後，再進入後續諸大論典的研習。量論的前行課程，分為攝類學、因類學、心類學三科，而這些內容，都來自於量學中的主要課題。因此在介紹量論前行論叢之前，先略為介紹量學的主體內涵。

「量學」一詞，顧名思義，其所闡述的主體內涵便是「量」。「量」，在量學中的專有定義為「新而不誑的明了」。「明了」指的就是心識；「不誑」，是指對境界有正確的認知；「新」，指的是對於這個境界，是頭一次認知，而不是回憶及再度認知等等。

「量」，簡而言之，是一種新生的正確的認知。對於任何一個個體而言，正確的認知都是相當重要的。而量學所探討的層面，就是從共通性的辨別哪些心識是量、怎麼生起量、量的層次，一直深入到佛陀何以是正量士夫，以及四諦業果性空等佛教中不共的教義，如何被量所證成等等的宗義問題，這些內容，都包涵在量學之中。

「量」，是所有凡聖、各道眾生都具有的一種心識。相對的，錯亂的心識，錯誤的推理──「非量的心識」，也存在於每一個凡夫的相續之中。因此，無論我們認不認識量與非量，這些心識都會在我們的相續中現起。正確的心識，會為我們帶來正確的判斷，而正確的判斷又會引領著我們走向正確的道路，讓我們得到益處。反之，錯誤的

心識對我們所造成的傷害也是成正比的。因此，探討量與非量如何產生，這並非佛教徒專屬的議題，也不只是有信仰的人才會探討的，但凡是追求真理的人，都會致力於釐清這個問題，只不過其形式及方法有可能大相逕庭罷了。

佛法當中，認為一切痛苦、過失的源頭都來自於無明——對於事物錯誤的認知。而佛法所成就的最高境界，也就是徹底了知一切諸法的心智——一切智智。因此，無論從痛苦根本的原因，還是從最高成就的角度來談，我們都可以知道，整個佛法所談的核心問題，就是要消滅錯誤的認知，產生正確的認知。用量學的話來說，就是去除無知、邪解、疑惑，由此獲得正量。

而所謂的量，又分為現量與比量兩種。簡而言之，現量是指清晰地、直接反映對境真實相狀的正確心識，就像見到青色的眼識、聽到聲音的耳識。比量則是指沒有現前觀見，然而透過推理而產生的正確認知，就像在遠處看到山上冒著濃煙，雖然沒有見到火焰，卻推知山上有火的心識。

對於一位要徹底解脫，成就佛果的行者而言，要能夠切斷輪迴的根本，甚至通達所有的事物而成為一切智智，那就必須追求了知諸法的現量。

問題就在於，對於一個凡夫而言，我們所擁有的現量非常地局限，主要不外乎眼耳鼻舌身的「根現量」。而這些現量所能夠感知的事物，也就只有當下的色聲香味觸等物質性的事物。除此之外，在時間上超出了當下、地點上超出了眼前、本質上超出了實質事物的任何

所知，都無法被我們的「根現量」所了解。

佛陀的教法，旨在告訴我們離苦得樂的方便，而離苦得樂的層次，又有生死輪迴中的苦樂問題，以及出離輪迴的苦樂問題。佛陀對於前者開示了業果的正見，對於後者則開示了空性的道理。而這些內涵，一般的凡夫不要說用現量去證得，就連在推理上也都很難理解。因此，一個凡夫的離苦得樂之道，就注定要經過一個這樣的程序：透過聞法而得到初步文字上的理解，繼而進行思惟推理，產生正確的比量，再進一步透過止觀雙運的力量而將比量的認知漸次地昇華，一旦對佛法所說的聖諦，如同眼睛見到形色那般清晰觀見，這時候就脫離了凡夫位而成為聖者。這就是佛法裡頭所說的聞思修的次第。

量學的祖師們，正是見到凡夫行者要證得佛法真諦，必須經過這種由比量趣入現量的必然次第，因此在量學當中，用了大量的篇幅來開闡「何為正確的推理」。透過確立正確的推理論式，成立佛法中核心的法義以及破斥外道的說法，這就成為了量學當中主體的內容。由於這個原因，量學當中充滿了理路思辨的內容，因此也往往被稱為「因明」，甚至是「推理之學」。不過，嚴格來說，因明是專指推理之學，量學則闡述了其他許多心識方面的內容，因此所包含的層面更廣，二者並不能完全劃上等號。

貳、量學轉為攝類學及其興盛的過程

一、攝類學的雛形

　　有關於量學，或者說因明之學，本為內外道所共的學問，因此外道各個派別多著有量學的著作，如《遮羅迦本集》以及《正理論》等。佛教方面，聖龍樹菩薩著有《方便心論》、無著菩薩所著的《瑜伽師地論》中也詳論因明之說。世親菩薩更是著了《論軌》、《論式》、《論心》，總結了古因明的學說，成為古因明學理論的集大成者。

　　世親論師的四位高足之中，量學超勝於己的陳那菩薩，將古因明宗因喻三支及五支成立語，經過改良簡化之後，創立了正因三相的新因明體系。相傳陳那菩薩著有百部量論的著述，其後又集諸零散量論之義而成《集量論》。其後法稱論師造《釋量論》、《定量論》、《正理滴論》、《因滴論》、《諍理論》、《觀相屬論》、《成他相續論》等七部量論，大弘量學之說。其弟子天王慧為之造《釋量論疏》，後又有釋迦慧所造之釋。後世的論師更是相繼地造了諸多量學的論典。使得內道的量學，蔚然成觀。而現今的藏文《丹珠爾》中保留了大量的印度量學論著，合計有六十三部，十九大函。

　　藏地從八世紀赤松德贊時期開始，進入了因明論典的翻譯輸入階段。一直到十世紀後弘期，量論教典的翻譯，才粗算完備。到了十一、二世紀時，俄覺慧大譯師（俄洛丹謝饒・1069－1109）將《釋量論》做了一次重譯，另外還翻譯了《定量論》及法勝的《定量論疏具證

論》、《正理滴論疏》；慧生護的《釋量論疏莊嚴論》；閻摩犁的
《釋量論莊嚴疏應理論》、《釋量論莊嚴第四品釋》；商羯羅難陀的
《成相屬論》等。除了翻譯之外，他還著有《定量論攝義》、《定量
論難點疏》。並且於桑樸寺，仿照印度中古時期的那爛陀寺的體制，
創辦了法相辯經學院，親自傳授量論，從此開啟了藏地量學的興盛
期，而這也被稱作藏地的新量論時期的開始。從俄覺慧大譯師的論著
當中，便可以看到攝類學的開端。

　　攝類學，是藏族在研習量學的過程當中，漸次將量學的內容分成
單元，加以開演，最後歸結而成的一種學習量論的前行基礎論典。這
樣的學說，雖是傳承自印度的量學，包含在廣義量學的範圍裡，但是
發展到後來，已然超出了印度量學所探討的內容，成為道道地地藏地
特有的因明學說。

　　攝類一詞，藏文為 བསྡུས་གྲྭ།།（篤扎）。「བསྡུས」是略攝、提要之義；
「གྲྭ」，意為圍牆所圍之地，猶言院落。藏文中稱出家人為「གྲྭ」
（扎巴），即取出家人居於寺院圍牆內的意象。另外，也有群體及單
元、段落之義。因此，所謂的攝類學，就是指將量論的內容，歸納成
一個個的單元，而集於一書之中。其取名之意，有點類似於漢地論典
《法苑珠林》的「法苑」，以及《禪林類聚》的「類聚」。

　　一般而言，諸如隆多喇嘛（1719－1794）等藏地後期的祖師們都
一致認為，攝類學學說的創始者為恰巴法獅子（恰巴確吉僧格‧1109－
1169）。然而恰巴法獅子的論著，自從格魯派興起之後，連在藏地都
非常罕見。近來出版的《噶當文集第一編》當中，錄有手寫版的數本

恰巴法獅子的論著，然而都是草寫體，且有多處字跡模糊，不易閱讀。但是從初步的研究可以得知，攝類學的「攝」字，就是取自於恰巴法獅子所著的《量論攝義》論名中的「攝義」一詞。而從內容來看，恰巴法獅子的論著中，已較明確地分出因類學及心類學的內容，而攝類學的部份，也有提到名相性相、自相共相、推理的方法等內容。雖然與後期的攝類學相比，還不算完備，但是確實可以看出攝類學的雛形。而且現今藏傳辯論時通用的應成論式，目前所知，也是在法獅子的論著中首次出現。相較於法獅子的論著，俄覺慧大譯師的論著也有將量學進行總攝歸類的做法，但是歸類出的單元更少，只局限在幾種量的解說而已。總之，這些相關的著作，雖然還未有「攝類學」之名，但已有「攝」的意涵。並且也已經具有著量論前行基礎學說的意義。

自十一世紀噶當派桑樸寺一支興起量學之後，轉型的首位關鍵人物，即為薩迦班智達慶喜幢（薩迦班智達袞嘎堅贊·1182－1251）。薩班師從通達量學精要的大班智達釋迦室利，了解到前期藏人對於陳那、法稱之學的誤解，於是對藏譯本的《釋量論》進行了第三次的校定，而形成現今藏地通用的版本。並且在薩迦寺開講《釋量論》，使得藏地的量學研習重點，從《定量論》轉至《釋量論》。此外，薩班還著有《正理藏論》。這部論著被視為藏族第一部自著的量學論著（指非依著某部印度量論而作解釋，自立體系），對於其他教派學習量學者，有著極其深遠的影響。經由薩班精勤的講論著，薩迦派的量學直追噶當派桑樸寺的成就。從此之後，至格魯派興起之間，許多名盛一時的

量學大師，如隅育巴正理獅子（隅育巴日貝僧格‧11??－1253）、仁達瓦童慧（仁達瓦宣努洛追‧1349－1412）等，皆出於此派。

值得一提的是，後世談到藏傳量學，雖必談及薩班，然而較少有人談及《量理藏論》與攝類學的關聯。其實從《量理藏論》的內容來看，其所分的品目〈觀境〉、〈觀識〉、〈觀總別〉、〈觀建立遣餘〉、〈觀所詮能詮〉、〈觀相屬〉、〈觀相違〉、〈觀名相〉、〈觀現量〉、〈觀自義比量〉、〈觀他義比量〉，這樣的分科內容，可以說是在恰巴法獅子的《量論攝義》之上，更進一步接近後世所流傳的攝類學。因此，《量理藏論》同樣可視為後來的攝類學著作的前身。

二、目前所知的第一本攝類學

十五、六世紀，宗喀巴大師（1357－1419）總集了各家之長，創立了格魯派，薩迦的幾位頂尖的論師，如賈曹傑、克主傑等，也都師從宗喀巴大師的學說，使得藏地的研習佛法教理的中心，又從薩迦派轉至格魯派。

宗喀巴大師師徒，在量論方面，做了非常深細的探討，並著作了嚴密詳盡的論述，被後世無數學人奉為圭臬。更重要的是，大師將量學與佛法的內明作了完美的結合，提倡運用量學來證成佛法教義，從而產生堅固的信解。這使得學僧對於量學的認知，從一般性的邏輯學，昇華為趣入佛教教理、修持內心的崇高學說。大師及其親傳弟子賈曹傑、克主傑、僧成大師等，在他們的量學著述中都嚴正地指出應該用怎樣的態度來看待、學習量論，並且提出要完整地學習佛法，必

須研習量論的理由。這正是格魯派創立後數百年來，量學的研習一直處在高峰狀態，歷久不衰的主因之一。

宗喀巴大師在量論前行方面，也著有《趣入七部量論之門除求學者心意冥闇》。這部論著，雖然沒有用攝類學一詞來命名，但就內容而論，幾乎就是一本攝類學總義。此書分為四大科目：〈境〉、〈有境〉、〈證達境的方便〉、〈推理的軌則〉。其中〈境〉的部分，與攝類學中闡述的佛法基礎法相的科目相當；〈有境〉的部分，與後世的《心類學》相當；〈證達境的方便〉的部分，與攝類學中討論的邏輯專用法相的諸科相當；〈推理的軌則〉部分，與後世的因類學相當。從這部論著當中，不僅可以看出後世因類學及心類學的著作，其內容結構完全是源自於此論，更可以看出，宗喀巴大師此書，在薩班的《量理藏論》之上，多開展出了〈三時〉、〈因果〉、〈自相共相〉、〈詮類詮聚〉、〈遮破法成立法〉、〈一與異〉、〈遮遣趣入成立趣入〉、〈自宗實法反法〉、〈恰派實法反法〉等後來攝類學所安立的科目。

繼宗喀巴大師之後，其心子克主傑大師也著作了《七部量論莊嚴除心意闇》，此論的結構與宗喀巴大師的《趣入七部量論之門除求學者心意冥闇》非常相似，但在整體內容上，展開了極其廣泛的破立。而其寫作的方式也獨樹一格，將自宗與他宗相交而論，既似總義又似辨析；時而以正規的論式而書，時又不以論式，直抒胸臆。經由宗喀巴大師父子的這兩部論著，使得攝類學的內容益趨於成熟。

與此同時期，苯教也出現了一位改革性的人物──寶幢（仁欽堅

贊・1358－1445）。他與宗喀巴大師只差一年出生，也在同一個時期前往拉薩學習，並且對於苯教進行了改革，使得苯教的學習方式以及教義更加趨近於佛教[1]。也因此他有苯教的宗喀巴之稱。寶幢對於量學也非常精通，而且著有一部以「應成鬘體」[2]寫成的量學著作《理路寶鬘》。這部論著已非常接近後來的攝類學著作，不過其內容還是以印度的量論所探討的因明、心類學作為主體，尚未具有後來攝類學論著當中所特有的科目。但是從這個現象即可以看出，量學在當時已經發展到一個高峰，具有足夠的條件蘊育出像攝類學這種既傳承於印度量論，又有所創新的藏傳獨有的量論前行專著。

從上述的歷史來看，在宗喀巴大師時期，量學前行論著即已趨近成熟，就在這個時代背景下，我們目前所能見到的第一本被稱為攝類學的教典──文殊上師勝天光（蔣揚喇嘛秋拉沃色・1429－1500）所著的《惹對攝類學》問世了。勝天光師從宗喀巴大師的高足僧成大師、智自在稱賢[3]學習量學，而後著出《惹對攝類學》。這本書原本的全名為《釋量論攝要教典・開所知門摧惡諍象獅子吼笑醯都之鑰[4]》。

---

1 後來許多苯教的論著與佛教幾乎沒什麼差別，格魯派學院中應學的五大論、菩提道次第、密續，苯教當中也都承襲了同樣的科目。在內容上，也多只是把佛教經典中的「法」字改為「苯」字而已。如「有法」一詞，在苯教論著中則寫作「有苯」；佛法僧，則改作佛苯僧。有人稱這種與原始苯教相差甚遠，近似於佛教的苯教為白苯教。現今許多建有學制的苯教寺院也都直接採用果芒學派的論著作為教材而學習辯論。

2 全書以一個個應成論式相扣而成的著作方式。

3 僧成大師為札什倫布寺創始人，智自在稱賢為惹對札倉創始人，二寺皆以量學聞名。

4 醯都，一大數名。醯都之鑰，猶言開啟無數理門之鑰。

　　從書名上即可得知兩點：一、攝類學的學說，已明確地標榜以《釋量論》做為主體依據，後來的許多攝類學論著也都沿襲此規。二、目前所知的第一本攝學類《惹對攝類學》，其實其原名當中，並未有攝類一詞。但是後世的人，基本不稱此書的全名，而稱其略名《惹對攝類學》。究竟這個略稱是當時就有，還是後世所起的，目前不可得知，而且後來的許多攝類學，如《賽倉攝類學》等，都有同樣的情況——全名裡並沒有「攝類」一詞，但是世人對它的通稱都稱作攝類學。

　　究竟到了何時，才有第一本以「攝類」（བསྡུས་གྲྭ）一詞命名的攝類學論著，還有到了什麼時候人們才把所有的「攝論」（བསྡུས་པ）、「攝理」（བསྡུས་སྦྱོར）、「攝要教典」（བསྡུས་གཞུང）全部統稱為「攝類學」，這點還有待於考究。但是從《惹對攝類學》被稱為攝類學，以及《惹對攝類學》與前期的攝要論在內容上的差異性，我們可以推敲出所謂的攝類學，應具有哪些特點。

　　如同前述，恰巴法獅子的《量論攝義》，以及薩班的《正理藏論》，都有提取印度量論的要點，分科而作論述的特色。《惹對攝類學》的內容，以及後來的攝類學，也都沿襲了這個特點。但是前後二者的差異性在於，攝類學的科目，比起先前的論著多出了一兩倍。而且有許多科目，實為藏族在印度量學基礎上進行延伸，乃至是新創出來的，為印度的量論所未見。這些科目，大多屬於專有的邏輯名詞多重堆疊的演算，以及對繁複的論式進行精準的文法確認。從這些具有差異性的科目上可以看出，這是藏族經過長時間實際辯論後所歸結出

來的內容。因此，這樣的差異性必然是在先前就已經有了開端，不是
到了《惹對攝類學》才突然獨創的。《惹對攝類學》一書，可視為對
於先前藏傳的量學特點進行總結的代表性著作，使得攝類學有別於印
度的量學，而成為藏地特有的量學學說。

　　此外，在著作的風格上，《惹對攝類學》採用了「破他宗」、
「立自宗」、「斷諍論」的結構，以及大量的應成論式答辯。這一
點，雖然不是所有攝類學論著都必有的特色，但確實是大多數正規的
攝類學教本所採用的著述風格。更重要的是，這種著述風格，大幅度
地影響了藏族對於其他經論註疏的方式。後來藏族論師對於五部大
論，乃至於密續的註疏，大量採用了這種寫作模式，並且稱之為「辨
析體」或「應成鬘體」。而正規的寺院學制所採用的教本，也多是這
種辨析體的論著。可以說，攝類學的出現，不僅影響了藏族對於量學
的學習模式，更是整體地影響了對於顯密教典的學習、著述模式。使
得藏傳佛教對任何佛法經論，都以嚴密的邏輯簡擇方式而進行研習，
因而取得極高的成就。從這點上，也證實了宗喀巴大師父子對於量學
高度重視的深遠見地。

三、攝類學細化成攝類、因類、心類三門學說

　　格魯派各大寺院建立起五部大論的學制之後，各學派的攝類學論
著相繼而出。積累至今，其數量非常可觀。格魯派繼承薩迦及噶當派
而將量學推向更高峰之後，因明學說也漸漸成為整個藏區不分教派共
通的顯學。舉凡寧瑪、噶舉、覺囊、乃至於苯教，都有攝類學的論著

問世。在量論前行的學說高度發展之後，攝類學更漸漸細化成攝類、因類、心類三門學說。

有一點必須提出來的是，《攝類學》的論著，在定義上有廣狹之分。如同前述，攝類學的本義，是「略攝量論之義的論著」。而最早的「攝論」，如《量論攝論》、《七部量論除心意闇攝論》等主要總攝的內容，多為現今所說的因類學、心類學的內容。嚴格說起來，這也才是《釋量論》當中的主體內容。而在前期的攝學當中，也確實會把《心類學》、《因類學》攝入其中。如《惹對攝類學》、《堪千攝類學》當中，就有〈正因論式〉一科。而妙音笑大師（嘉木樣協巴・1648－1722）答覆藏王第司佛海（第司桑結加措・1653－1705）請問攝類學科目為何的書信中，就明確提到攝類學有二十五個科目，也可以再加上因類學與心類學而成為二十七個科目。《賽倉攝類學未竟篇》的總科判當中，將因類學、心類學列在小、中、高級理路之後，成為第四總科。《永津攝類學》更是詳講了因類學，並將心類學攝入〈境與有境〉一科來說講述。辯經學院校長善慧海所著的心類學著作，也以《高級理路心類學》來命名。因此，從攝類學的源流以及其科目來看，都可以證成因類學與心類學本來都是屬於攝類學的範疇。

然而，攝類學的論著形成之後，攝類學已不像早期的「攝論」只是討論因類、心類這些量學的主體內涵，反而更多的是探討後來延伸出的科目。另外，因類、心類，都是屬於大的科目，放在攝類學裡，做為其中的一個單科，往往只能做非常簡略的探討，不足以呈現其完整的內涵。因此，原為攝類學主體內涵——因類、心類——反而漸漸

地脫離了攝類學，而成為獨立的論著體系，與攝類學並立為三科量論前行的科目[5]。行之多年的結果，便是在眾人的概念中，因類學與心類學，已與攝類學有別。於是攝類學從原本代表整個量論前行論著的總稱，演變成三科量論前行論著的其中一科。不過，推其本源，心類學與因類學的論著，還是可以算在廣義的攝類學當中。近代色拉昧學派的大格西智自在在他所著的攝類學中，提到學習攝類學的目的時，便將學習因類學、心類學的利益也都一併講述。但他同時說到：「不要只是耽著攝類學的周遍斷語辯論方式而自以為足，應該要學習因類學、心類學。」由此就可以看出攝類學存在著廣義及狹義兩種概念。

　　量論前行論著分成三科之後，專著隨著增加，同時也意味著量論前行論叢的總量更加雄厚。直至現今，量論前行的著述依舊不斷地在增加，而且著述的方式也趨於多元。

5　目前所知最早的心類學著作為15世紀的仲妙善所著的《心類學建立正理庫藏除無明闇》，此外，因類學與心類學的著作，皆為16、17世紀以後所著。可能在文獻上還有待考查是否有其他早期的著作，但從目前的目錄來看，因類學與心類學脫離攝類學，確實是後來漸漸產生的一個趨勢。

參、量論前行論叢的主要科目

在此介紹量論前行論叢的主要科目時，還是分成攝類學、因類學、心類學三個部份來說明。

一、攝類學主要科目

(一)**科目總數**：攝類學是將量學的重要內容分成個別的單元講述的論著，歷來不同的攝類學著作，所分出來的單元數量不同，開合有別，並沒有一定的定論。大致來說，攝類學的科目在十多科到三十多科之間。丹碓丹貝所著《攝類學攝頌》分為十科、毛爾蓋桑木丹所著《所知異門新慧理門》分為十一科、妙音笑大師《攝理心要頌》分為十三科、耶謝旺秋《開啟新慧理路之眼》分為十八科、《永津攝類學》分為二十科、蔣貝欽烈雲丹加措所著《學者喜宴善說》分為二十四科；《惹對攝類學》分為二十五科、《賽倉攝類學》分為二十六科、妙音笑《攝類學科目》分為二十七科、《惹氏攝類學》分為二十九科、《堪千攝類學》分為三十科、《卓尼攝類學》分為三十二科。

(二)**小中高理路之分**：許多攝類學論著會將這些繁多的科目分為小理路、中理路、大理路。這麼設計的目的，是為了讓初學者得以依次從易處漸次深入難點，所以在翻譯上，有時也會譯作初級理路、中級理路、高級理路。不過，不同攝類學論著的作者對於各個科目的難

易度的理解，似乎不盡相同。有時同一個科目，在不同的論著中，既會被放在初級理路，又會被放在中級或高級理路。但是也有一些科目是所有的攝類學都有共識的，像〈紅白顏色〉會放在初級理路、〈大應成〉會放在高級理路，這幾乎不會有任何異議。

(三)**科目性質分類**：從這些科目的本質來看，攝類學所含攝的科目大致可分成四個類型。第一類為基礎佛法法相名詞的內容；第二類為因明邏輯專用法相名詞的內容；第三類為多重法相堆疊的邏輯推演；第四類為辯論問答論式特有文法的界定。而第二類和第三類之間，有時界限並不明確，某些科目本身既解釋邏輯專用法相名詞，又依此進行邏輯的推演。以下分類時，難以分清的科目就不避重覆列舉。

屬於第一類的科目有：〈紅白顏色〉、〈成實〉、〈蘊界處〉、〈小因果〉、〈大因果〉、〈三時〉、〈境與有境〉、〈自相共相〉、〈四聖諦〉、〈補特伽羅〉、〈能詮聲〉、〈名句文身〉、〈自宗實法反法〉等。

屬於第二類的有：〈辨識反體〉、〈一與異〉、〈總別〉、〈大相違相屬〉、〈周遍斷語〉、〈八門周遍〉、〈大應成〉、〈除遣趣入成立趣入〉、〈恰派實法反法〉、〈詮總聲詮類聲〉、〈成立法遮破法〉、〈遣餘法〉、〈詮法聲詮有法聲〉、〈名相性相〉、〈表徵論式〉、〈因論式〉。

屬於第三類的有：〈證有證無〉、〈是屬非屬〉、〈是反非反〉、

〈小相違相屬〉、〈總別〉、〈大名相性相〉。

屬於第四類的有：〈遮破駁斥成立駁斥〉、〈分判〉、〈承許軌則〉、〈第六囀聲〉、〈小應成〉、〈遮遣處〉、〈提問牽引〉。

這四類的科目，以前兩類最為核心，與原本的量學關聯性較大，而且在未來學習其他論典時，會更深入地反覆探討相關內容。第三、第四類的科目，則比較偏向攝類學獨自發展出來的科目，側重於訓練繁複的邏輯演算能力，但與其他諸大論典所探討的主題關聯性較弱。

二、因類學主要科目

因類學主要闡述正確的推理論式。在闡述的過程中，會談到論式的組成結構，「真實因」應該具有的三個條件，以及如何證成一個正因確實具有這三個條件的方法。這之後，再對於「真實因」以及「相似因」，用不同分類的角度來闡述各種類型的因。

屬於解說論式結構的科目有：〈因的性相〉、〈成立語〉。

屬於解說真實因的性相有〈宗法〉、〈隨品遍〉、〈反品遍〉。屬於解說真實因的支分有：依正因的體性而分為〈果正因〉、〈自性正因〉、〈不可得正因〉；依所立法的角度而分為〈成立名言的正因〉、〈成立境義的正因〉；依宗的角度而分為〈事勢正因〉、〈極成正因〉、〈信許正因〉；依趣入同品的方式而分為〈能遍趣入同品正因〉、〈以二相趣入同品正因〉；依諍者的角度而分為〈自義正因〉、〈他義正因〉。

屬於解說相似因的有〈相違因〉、〈不定因〉、〈不成立因〉。

三、心類學主要科目

　　量論前行中的心類學，以《釋量論》做為闡述的依據。因此，心類學所闡述的心相，是以「認知」做為主軸而出發的。心類學中，將心分成七種支分、三種支分、二種支分來解釋不同程度的錯誤認知及未認知、正確認知的心識。在闡述這些心識的時候，也會旁及產生心識必要的因緣、不同的心識透過怎樣不同的管道而認識到對境、由於什麼因緣導致心識產生錯亂、意識與根識的差別等等的主題。

　　心類學的主要科目有：〈覺知的性相〉；覺知的七種支分：〈伺察識〉、〈現而不決〉、〈再決識〉、〈顛倒識〉、〈疑惑〉、〈比度〉、〈現前識〉；覺知的三種支分：〈以共相為顯現境的分別心〉、〈以自相為顯現境的無分別無錯亂識〉、〈無分別錯亂識〉；覺知的二種支分：〈量〉、〈非量的覺知〉；〈證知的覺知〉、〈未解的覺知〉。

　　在佛法的教典當中，對於心識的闡述，除了量學體系之外，還有對法的體系。大小乘對法的論著如《大乘阿毘達磨集論》、《攝事分》、《大毘婆沙論》、《阿毘達磨俱舍論》等，其對於心識的闡述，則是從心與心所的角度趣入。這種闡述角度，更廣泛的探討善心、惡心、感受、煩惱等等的心相，不單只是著眼於「認知」上的問題。以前如阿莽班智達對於這個部份另寫了部專著《略說心與心所建立‧照見自相續之鏡》。近來辯經學院校長善慧海的心類學著作《高級理路心類學建立遍攝所需》，及毛爾蓋禪定海的攝類學著作《所知異門明慧理門》，便將心與心所的論述，納入其論述之中，使得心類學的論述更加完整。

肆、量論前行論叢目錄

　　量論前行的學說經過數百年的發展，歷代的祖師們累積了極為可觀的著述。尤其是格魯派，由於拉薩的三大寺以及後藏的札什倫布寺、甘肅的拉卜楞寺、青海的塔爾寺，外蒙的甘丹寺，乃至安多、康區的許多格魯的寺院，都建立有五部大論的學制，因此，格魯派內部的各個學派，都有相當可觀的量論前行著作傳世。這之中又以果芒學派的著作最多，只此一支學派的著作，就幾乎佔了所有論著的半數。此外，各大教派如寧瑪、薩迦、噶舉、覺囊也都有一些相關的著作。然而這些論著，恐怕還有很大一部份收藏在各別的寺院裡，未為人所知。因此，究竟量論前行論著完整的數量有多少，目前沒有定論。筆者僅就大慈恩・月光國際譯經院所收藏的藏文典籍來作分類統計，目前共計有百部之多。

　　有關量論前行的論著，以下將分成攝類學論著、因類學專著、心類學專著三個部份來介紹。在排序上面，筆者先依著作者的生年次第列出著作，每一部著作，如果有通用的略稱的話，則先列出略稱，次列其頁數，次以方括號列其派別。【格】表示格魯派、【寧】表示寧瑪派、【薩】表示薩迦派、【覺】表示覺囊派、【噶】表示噶舉派。次列作者名稱意譯，次以括號列出作者名稱的音譯及生卒年。凡是生卒年不詳者，則其著作一概列於最後。

一、攝類學論著目錄

❶《惹對攝類學》521頁（釋量論攝要教典‧開所知門摧惡諍象獅子吼笑醯都之鑰）【格】勝天光（秋拉沃色‧1429－1500）

❷《共通攝論》59頁（權威智者妙義成語教筆記共通建立）【格】妙義成（勒巴敦珠‧1479－1555）

❸《共通攝論攝頌‧明慧心喜》18頁【格】妙音仙帝巴慧幢（蔣揚仙帝巴洛追堅贊‧1487－1567）

❹《權威智者僧善慧所著共通攝論妙善建立》125頁【格】大那僧善慧（大那根敦洛桑‧16世紀）

❺《語教富饒海所書權威智者僧善慧之應成建立回填法‧除明慧意闇》106頁【格】大那僧善慧

❻《攝理教典》80頁【格】金剛手吉祥賢（恰多貝桑‧16世紀）

❼《攝要教典‧無盡庫藏如意牛》228頁【薩】法尊勝（確南杰‧16世紀）

❽《攝類學根本頌》7頁（善巧成就自在至尊具緣海所著攝類學根本頌）【格】夏日具緣海（夏日格丹加措‧1607－1677）

❾《攝類學圓滿建立‧明處善說寶藏》172頁【格】門卓諾門汗語王事業任運（門卓諾門汗昂旺欽烈倫珠‧16??－1699）

❿《攝類學教典紅白顏色》4頁【格】一世妙音笑語王精進（嘉木樣協巴昂旺尊珠‧1648－1722）

⓫《攝類學建立》71頁（遍知妙音笑金剛語教直錄攝類學建立）【格】一世妙音笑語王精進

⓬《攝類學建立‧善說》38頁【格】一世妙音笑語王精進

⑬《小應成建立》22頁（遍智妙音笑所著小應成建立略攝）【格】一世妙音笑語王精進

⑭《大攝類學建立》72頁（大攝類學建立・開啟理路金門教理庫藏）【格】一世妙音笑語王精進

⑮《攝理心要頌》18頁（遍攝一切攝理心要・明藏）【格】一世妙音笑語王精進

⑯《攝類學科目》1頁【格】一世妙音笑語王精進

⑰《攝類學開明慧眼》474頁（新慧者最初習辯論之攝類學・開明慧眼）【格】卓尼名稱講修（卓尼札巴謝竹・1675－1748）

⑱《攝類學建立開啟理門之鑰》76頁（分辨七部量論之義攝類學建立・開啟理門之鑰）【格】察雅善慧摩尼（察雅洛桑諾布・1677－1737）

⑲《賽倉攝類學》295頁（將解釋量論密意的大論典《釋量論》之義揉合為一為上中下慧開示之廣大善說・智者頸嚴滿具緣願）【格】一世賽倉語王吉祥（賽倉昂旺札西・1678－1738）

⑳《賽倉攝類學未竟篇》205頁【格】一世賽倉語王吉祥

㉑《攝類學遮破法成立法・奪智者意》21頁【格】一世賽倉語王吉祥

㉒《堪千攝類學》717頁（無數攝類學善說・開敷善緣智慧蓮池之教理之日）【格】堪千僧海（堪千根敦加措・1679－1765）

㉓《惹氏攝類學》355頁（攝要教典・日光）【格】惹福自在王（惹索南旺杰・1726－1793）

㉔《攝要教典・開明處門》64頁【格】藏班智達善慧教海（藏班智達洛桑丹巴加措・1738－1780）

㉕《惹對攝類學決疑》188頁（將惹對攝類學諸難點匯集為一・開啟千部妙論之門善說金鑰）【格】妙吉祥僧海（蔣悲根敦加措・1754－1803）

㉖《理路幻鑰》25頁【格】貢唐寶教炬（貢唐袞秋丹貝準美・1762－1825）

㉗《巴朗攝類學》130頁（零散理路建立・鉤召明慧天鵝之善說・廣大蓮湖）【格】巴朗寶法增（巴朗袞秋確佩・1762－1822）

㉘《正理光鬘》96頁（提問牽引與第六囀聲計法等如辯經場口傳而書・正理光鬘）【格】阿莽班智達寶幢（阿莽班智達袞秋堅贊・1764－1853）

㉙《遮遣處單計法》1頁【格】阿喀慧海（阿喀謝饒加措・1803－1875）

㉚《略兼解說因類心類建立・新慧意之喜宴・開啟正理百門之鑰》66頁【格】絨塔善慧正法海（絨塔洛桑丹確加措・1805－1900）

㉛《永津攝類學》251頁（辨明量論之義攝類學建立・理路幻鑰）【格】普久善慧戒海（普久洛桑楚臣強巴加措・1825－1901）

㉜《攝類學根本頌・明鏡》33頁【格】巴日善慧極明（巴日洛桑饒色・1840－1910）

㉝《攝類學總義・寶炬》571頁【覺】佛教善妙海（土登格勒加措・1844－1904）

㉞《開啟攝類辯論・理路之門》68頁【寧】菊不敗海（菊米旁加措・1846－1912）

㉟《趣入智哲軌理之門》327頁【寧】菊不敗海

㊱《趣入智哲攝頌》51頁【寧】菊不敗海

㊲《趣入智哲科判略攝・白蓮鬘》45頁【寧】菊不敗海

❸❽《攝理心要頌釋》196頁（開顯攝理心要頌密意遍明之鏡）【格】貢唐慧海（貢唐洛追加措 · 1851－1928/1930）

❸❾《吉祥正理自在父子無垢道軌所傳來之正理教典 · 牽引妙善之車》72頁【格】善慧吉祥（洛桑貝丹 · 1881－1944）

❹⓿《攝要教典 · 開正理門善說光》78頁【格】安多格西妙吉祥遊戲慧（安多格西蔣悲若貝洛追 · 1888－1944）

❹❶《攝類學難點攝要》107頁【格】果芒堪蘇語王日（果芒堪蘇昂旺尼瑪 · 1907－1990）

❹❷《遍攝攝類學之義 · 善說智者喜宴》49頁【格】楚康喇嘛妙吉祥事業功德海（楚康喇嘛蔣悲欽烈雲丹加措 · 1913－1984）

❹❸《所知異門 · 明慧理門》140頁【格】毛爾蓋禪定海（毛爾蓋桑丹加措 · 1914－1993）

❹❹《所知異門 · 明慧理藏》112頁【格】毛爾蓋禪定海

❹❺《問答 · 寶藏路標》34頁【格】毛爾蓋禪定海

❹❻《攝要教典教理日之附篇 · 明慧童子津梁》298頁【格】隆務寺格西僧持教（隆務寺格西根敦丹津 · 1920－？）

❹❼《攝類學根本頌釋》309頁（攝類學根本頌釋 · 講正教理勝妙莊嚴）【格】札什倫布寺大住持善慧忍（札什倫布寺堪千洛桑梭巴 · 1922－1955）

❹❽《攝類學攝頌 · 明慧津梁》11頁【格】朗忍巴語王圓滿（朗忍巴昂旺彭措 · 1922－1997）

❹❾《開啟新慧理路之眼》127頁【格】色拉昧蚌饒格西智自在（色拉昧蚌饒格西耶謝旺秋 · 1928－2000）

(50)**《共通攝論攝頌．少年新慧語莊嚴》11頁【格】**噶然巴大格西慧增（噶然巴大格西謝饒雅佩．1929－2001）

(51)**《攝類學建立．理路如意花》283頁【格】**嘎爾孜妙音施海（嘎爾孜蔣揚津巴加措．20世紀）

(52)**《理路幻化．春使》41頁【格】**拉摩善慧戒海（拉摩洛桑楚臣加措．20世紀）

(53)**《趣入七部量論之門遍攝理路善説．明慧之鑰》362頁【格】**多朗巴妙音海（多朗巴蔣揚加措．1960－）

(54)**《量論心要攝類學建立．具慧理藏》308頁【格】**秋杰格西僧定（秋杰格西根敦桑丹．1964－）

(55)**《攝類學解説．俱胝明慧津梁》372頁【格】**念桑巴僧伽（念桑巴根敦．1964－）

(56)**《量論教典攝類學》200頁成就吉祥【覺】**（涅竹貝．1971－）

(57)**《開顯攝論理路之日》23頁【噶】**吉祥教廣（札西丹巴饒杰．1970－）

(58)**《開顯攝論理路之日．大理路解說》42頁【噶】**吉祥教廣

(59)**《攝類學建立．新慧喜宴》205頁【薩】**熱絳巴僧海（熱絳巴根敦加措．1984－）

(60)**《初學者理路備忘錄．白蓮鬘》226頁【格】**熱察妙音海（熱察蔣揚加措．20－21世紀）

(61)**《權威智者精進幢所著語教決擇總體所共通篇》58頁【格】**強敦精進幢（強敦尊珠堅讚．生卒年不詳）

(62)**《因果建立》68頁**（權威智者大班智達福幢所書至尊精進幢語教之因果建立明處利他所需白光．善令惡諍者怖）**【格】**強敦精進幢

(63)**《名相性相建立》64頁**（強敦精進幢語教開啟攝要教典學說之門名相性相建立）**【格】**強敦精進幢

(64)**《攝類學攝頌明慧心意喜宴》8頁【格】**甘丹北頂格西正法弘教（甘丹北頂格西丹確丹貝·生卒年不詳）

(65)**《說法師比丘善慧友所說共通攝論、心類學、因類學次第》89頁【格】**聞思林第三任住持善慧友（妥桑林第三任住持洛桑謝念·生卒年不詳）

(66)**《杰尊法幢語教名相性相建立奪智者意》93頁【格】**作者不明

(67)**《遮遣處等》原165頁，有缺【格】**作者不明

(68)**《聞思寶林大那一系之攝要教典正理大海諸論目錄出生一切欲求》4頁【格】**作者不明

(69)**《大辯經院聞思寶林遍智父子語教攝要教典正理大海諸品目依次篇入三部之目錄出生一切欲求》6頁【格】**作者不明

二、因類學專著目錄

❶**《略顯因類學善說·金鬘莊嚴》108頁【格】**一世妙音笑語王精進（嘉木樣協巴昂旺尊珠·1648－1722）

❷**《因類學建立·攝教理要智者歡喜》50頁【格】**卓尼名稱講修（卓尼札巴謝竹·1675－1748）

❸**《因類學攝頌·明正理鏡》28頁【格】**卓尼名稱講修

❹**《因類學建立廣本理路·開智慧眼》160頁【格】**卓尼名稱講修

❺**《因類學自宗》85頁**（因類學自宗辨析·明慧智者頸嚴除眾生心闇開君陀花）**【格】**一世賽倉語王吉祥（賽倉昂旺札西·1678－1738）

❻《成立導師為正量士夫之談・登上大樂妙殿之寶梯》16頁【格】哈朗巴語王教興（丹達哈朗巴・1759－？）

❼《有益於因類學難點之筆記・新說日光》28頁【格】哈朗巴語王教興

❽《略攝不可得因之義》9頁【格】哈朗巴語王教興

❾《開顯陳那所著宗法論之寶炬》11頁【格】哈朗巴語王教興

❿《因類學建立善說・金鬘嚴飾》22頁【格】阿莽班智達寶幢（阿莽班智達袞秋堅贊・1764－1853）

⓫《略解因類學辨析等難點寶鬘》250頁【格】貢唐慧海（貢唐洛追加措・1851－1928/1930）

⓬《妙音笑因類學辨析箋註》62頁（略顯因類學建立善說金鬘莊嚴箋註）【格】巴朗寶法增（巴朗袞秋確佩・1762－1822）

⓭《因類學攝頌・明理路鏡》19頁【格】阿嘉永津善慧義成（阿嘉永津洛桑敦珠・1740－1827）

⓮《因類學攝頌・明慧津梁》3頁【格】朗忍巴語王圓滿（朗忍巴昂旺彭措・1922－1997）

⓯《因類學建立・日光》94頁【格】多朗巴妙音海（多朗巴蔣揚加措・1960－）

⓰《因類學建立》26頁【格】米雅格西戒勝（米雅格西楚臣南杰・生卒年不詳）

⓱《顯明因類學之鏡・明慧生喜》104頁【格】語王富饒（昂旺貝久・生卒年不詳）

三、心類學專著目錄

❶《心類學建立・正理庫藏除無明闇》139頁【格】仲千妙賢（仲千勒巴桑波・15世紀）

❷《略顯心類學善說・金鬘莊嚴》83頁【格】一世妙音笑語王精進（嘉木樣協巴昂旺尊珠・1648－1722）

❸《心類學攝頌・明取捨鏡》18頁【格】卓尼名稱講修（卓尼札巴謝竹・1675－1748）

❹《二部對法所說心類學建立攝教理要・智者歡喜》40頁【格】卓尼名稱講修

❺《心類學建立・開慧蓮日》37頁【格】察雅善慧摩尼（察雅洛桑諾布・1677－1737）

❻《心類學・頸嚴》19頁（心類學辨析善說智者頸嚴）【格】一世賽倉語王吉祥（賽倉昂旺札西・1678－1738）

❼《心類學・邊飾》63頁（至尊一切遍智妙音笑金剛所說心類學邊飾開明慧蓮善說日光）【格】一世賽倉語王吉祥

❽《心類學難點口述》15頁【格】一世賽倉語王吉祥

❾《心類學攝頌・明取捨鏡》13頁【格】阿嘉永津善慧義成（阿嘉永洛桑敦珠1740－1827）

❿《妙音笑心類學辨析箋註》62頁（遍智妙音笑上師所著心類學善說金鬘莊嚴箋註）【格】巴朗寶法增（巴朗袞秋確佩1762－1822）

⓫《略解心類學辨析等難點・寶鬘》109頁【格】貢唐慧海（貢唐洛追加措・1851－1928/1930）

⑫《高級理路心類學建立‧遍攝所需》180頁【格】辯經學院校長善慧海（辯經學院校長洛桑加措‧1928－1997）

⑬《心類學建立隝波羅妙鬘》85頁【格】多朗巴妙音海（多朗巴蔣揚加措‧1960－）

⑭《略顯心類學建立善說金日》69頁【覺】成就吉祥（涅竹貝‧1970－）

⑮《心類學建立》11頁【格】妙吉祥如意（蔣悲桑佩‧作者生平不詳）

伍、學習攝類學的意義

一、訓練辯論理路的意義

在藏系傳統整個五部大論的學習過程中，都非常側重辯論的訓練。但是辯論的基礎，是在量論前行的階段時訓練起來的。因此在學習量論前行課程時，其中的一大重點就是打好辯論理路的基礎。

二世妙音笑遍智大師無畏王（嘉木樣協巴袞秋吉美旺波‧1728－1791）所著的《求學教誡篇》中說：「**為能盡滌除，無知及邪解，猶豫諸錯亂，故當勤善學，集量與七部，等等諸量論，願能得成為，說正理自在。**」色拉昧大格西智自在（色拉昧格西耶謝旺秋‧1928－2000）所著的《開啟新慧理路之眼》之中就說到：「**想要趣入量論教典大海的士夫，最初必須趣入開啟理路之門的方便。而宛如開啟理路之門的那把鑰匙，就是攝類學教典。對於這方面的學習，看來是非常重要的。如果不依此對於周遍斷語形成粗概的理解，那麼學習任何性相之學，都會像**

盲人上路一般。」恩師至尊哈爾瓦嘉木樣洛周仁波切，在2016年為我們當時的攝類學學習班開示時，也曾說到：「**有人會認為，就算不懂得攝類學的辯論方法，在學習《現觀》、《中觀》的時候，也能夠聽懂其中的義理。但是，真正學會了辯論的思路之後，再去學習《現觀》、《中觀》等諸大論的時候，其深入的程度，是不懂得辯論的人所不能相比的。而辯論的思路，主要就是在攝類學的階段中訓練出來的。**」由此可見，攝類學對於學習教典的思辨力的訓練，佔著舉足輕重的地位。

　　以下在進一步探討訓練辯論理路的意義之前，先介紹一下藏系傳統辯論方式的特色。

　　藏傳特有的辯論方式，為一人專門問難，一人專門回答。問難者不事立宗回答，回答者也不做任何反難。因此兩者的角色是極端相對的。正因為極端的相對，所以在辯論時，焦點容易集中，不會在辯論過程當中，因為答問的角色不停的調換而模糊焦點。

　　藏傳辯論的開場，是由問難者對立宗者問一個問題，立宗者對於這個問題提出回答，就此立出了該場辯論所立的「根本宗」。依著這個根本宗，問難者依序提問辯難後，立宗者進一步回答出來的答案，則成為較次要的立宗。經過多番辯論之後，一旦立宗者說出了與前時立宗相違的觀點，問難者就會予以「嚓！」以表示立宗者已前後矛盾。如果後來的回答，與最早一開始的立宗相違，則問難者會予以「根本宗嚓」，表示立宗者的根本宗已被擊破。此時，立宗者可謂完全的墮負。

　　然而，當問難者將立宗者一開始的立宗擊破之後，辯論不會就此結束。一般而言，各種正規的辯論場上，都會有規定的時間，在時間還沒有結束之前，問難者就必須一直不停地問難下去。所以立宗者最初的立宗就算已完全被推翻了，問難者還得再將它再次推翻。

　　許多初次觀摩藏系辯論的人，會有點釐不清楚，問難者為何要把一個正確的立宗給問倒？當已經把對方的論宗辯倒了之後，不就已完成目的，為何還要繼續辯論，令對方的立宗再翻過來？問難者一下把對方辯成是，一下再把對方辯成非，這不也是表示自己的立場矛盾嗎？

　　對於這個問題，要從兩個方面來理解。第一、在藏傳辯論當中，問難者的角色不負責立任何宗。問難者所運用的論式，是純粹的「應成論式」。所謂的應成論式，簡單說來，就是不停的問對方：「照你的意思往下推的話，那就應該是如何如何。」這種句式本身，只有問難的意味，沒有任何立宗的意味。平時我們聽到問難別人的語句，就會以為問難者的立場是與答者的立場相反的。但是應成論式中，無論怎麼問，都不意味著問方有著什麼自己的觀點、自己的立場。提出應成論式的人，永遠只是站在立宗者的對面，你說是，我就要把它辯成不是，你說不是，我就要把它辯成是。你立的宗是錯的宗，我固然要將之辯倒，你立的宗就算是對的，我也要問難你看你招不招架得住。這就是問難者的角色。問難者既然只負責發難，就不會有在問難的過程中立了錯誤的宗，或者是前後立場相違，因為問難者根本沒有立宗。

　　第二點：藏傳的這種辯論方式，是為了在多番辯論之後，加固對於正確立宗的執持。在學習教典的過程當中，雖然我們會聽到許多正確的概念，但是這些正確的概念，如果沒有經過反覆地思擇，問難的洗禮，這種口頭上的承許，祖師們將之比喻為「插在爛泥裡的橛子」，是一點也不穩固的。因此五世勝王即曾說過：「**未經智理磨練經論義，翻轉細察猶如一團沙，以故智理秘要當細研。**」周加巷法王說：「**對任何正法的句義，最初僅一次啟問時，那怕裝著已經了知一切意義，實際僅知一些隨順論文記載的說法。縱是厚顏無恥地胡謅而說，但是再作十次詳細的提問時，剛說過的立宗，大都破滅而無言可以答對。復再作仔細的探索而提問時，以前所說的那些，猶如已忘，而自己顯出前後矛盾。由於立宗之根基已破滅，立即暴露出愚者自己的過失。這是對於智理未經熟研之過。**」《堪千攝類學》也提到：「**如果不用這些教典中的無垢正理甘露數數地洗滌慧眼上的污垢，那麼別說觀見甚深的義理，就連粗分的抉擇，也差不多都會成了增長邪解及疑惑等等。縱使對於一些意涵得到了心想：『這是這樣這樣』的伺察意[6]的理解，但是由於沒有用正量的力量來斷除增益執，所以就像橛插在爛泥巴裡。**」

　　因此，就像佛陀自己說的：「**比丘或智者，應善觀我語，如煉截磨金，信受非唯敬。**」要做到對於佛語所闡述的內涵，達到堅固純淨的定解，就必須以理路反覆觀擇問難。因此，藏系辯論中問難者的刁

6　只是對於自己思考而認定的對境一味的執取，卻尚未真正證達的心識。

鑽問難，其目的並非像表相那樣要把正確的立宗，或者是所有的立宗統統辯倒。相反的，其真實的目的是為了讓這些正確的立宗，經過思擇的洗禮、考驗，使其最終在自心之中，再也不受動搖。真如老師對於這樣的辯論方式，就曾經做過這般比喻：「**要得出一個正確而又不可動搖的立宗，就像要造出一張全世界最堅固的盾牌。你為了確定這張盾牌是全天下最堅固的盾牌，不會被任何利器所刺破，那就得不停地找出更銳利的刀劍來比試。直到有一天，試過所有最堅銳的兵器，這張盾牌都能抵禦時，這張盾牌就是無所不禦了。**」從這個角度，也可以了解為何藏系辯論的問難者要針對那些「正確的立宗」不停的開火了。

　　透過上述藏系辯論的特點，我們就能明白如此訓練辯論理路的意義所在。這樣的訓練，第一能使得我們對真理的信受轉令堅固，昇華為智慧式的信受，而不只是沒有理由的信受。恩師日常老和尚便曾如此讚嘆辯論之益：「**我們真正看東方，特別是佛法，佛法的最中心思想是智慧！這個智慧譬如說你們現在開始學了辯論了，他辯論之所以這樣把佛講的理論，我們經過非常嚴密的思辨，才能夠真正抉擇出他最精要的地方。不是說你說就行。因為佛親自驗證了，也是他自己找到了，所謂宇宙的真理，它必須經過非常嚴密的思辨來讓我信服，然後我照著去做，我很信仰他，很佩服他，這個才是我真正希望的人生。**」

　　辯論不僅能夠使得信受的程度更加堅固，在後續的修持上，只是粗分的了解與經過深細抉擇後而得到的定解，所產生的功用也是非常

不一樣的。就如周加巷法王所說的：「**有人說：『辯駁和思擇時，由於對經論未經熟研而達不到真實答案的要點。這誠然是實情。但是在實修的階段中，就不須達到答案的要點。因此，只須不錯知其義，也就可以了。』對此應答說：『不是這樣的。當知在實修的階段中，對於所修的是何法，法直接表達的意義以及法間接表達的意義，所緣和類別，粗細應破的否定之規等，若能細而又細的知道時，如所知而實修的成績，比修悟中所得的進度更為優越。否則，僅依靠膚淺地知道一些一般詞句，而裝作修習過的樣子，但其所得的也不過那樣膚淺的一些所緣、類別、了知等而已。』**」

對於個人而言，以如理的辯論思擇佛法的要義，能夠去除自己錯誤的知解、建立堅固的信心、深刻地定解佛語。但是擴及整個教法的層面來看的話，正理思辨之學，能使佛陀的教法在長時間流傳的過程中，不被錯誤的知解所染雜，並且令普羅大眾，有一條思擇之路可以理解佛法的內容，成為一種理則之學，而不只是一種盲從的信仰。這對於佛法能夠清淨長時地傳持，有著非常深遠的意義。正是因為有著如此諸多深遠的意義，妙音笑大師所著的《攝理心要頌》當中，盛讚學習攝類學的殊勝：「**聰慧求知諸少年，來此受享諸欲求。青石板上勤研習，遊此無央大道場，倚一切眾為勝友。毋現怒容修歡喜，是令佛喜供養雲，廣大福智妙資糧，莊嚴道場妙瓔珞，親友欣悅慶喜宴，於諸智者為勝禮，能令凡愚轉為智，是獲遍智之正因！**」

二、學習量論前行各科內容的意義

前一科講述總體的學習量論辯論理路的意義，此科則就學習量論前行各科的內容意義為何的角度略作探討。

如同前述，攝類學的科目分為四種類型：基礎佛法法相名詞、因明邏輯專用法相、多重法相堆疊的邏輯推演、辯論問答論式的特有文法界定。有關基礎佛法法相名詞，是未來學習所有經典都會用到的，在攝類學的階段，如果能夠先熟悉這些法相的話，在閱讀各方面的教典時，對於其中的一般佛法名詞都會有正確的理解。而因明邏輯專用法相，則可視為學習因類學的前行。在學習因類學當中的各種定義及解說時，必須大量運用這些因明邏輯專用法相，如果在前行的基礎階段，不事先學習熟練，在學習因類學時，勢必完全無法理解。至於多重法相堆疊的邏輯推演及辯論問答論式的特有文法界定，則是屬於攝類學較專有的科目類別，前者有助於訓練較繁複的運算能力，後者則有助於精準解讀各式奇特的論式。阿莽班智達所著的《理路光鬘》中提到，學習後二科的內容，是為了增長七種智慧中的明晰智慧，這是趣入諸大經論的重要方便。

因類學的各個科目，能令學者了知如何證達對境的方法以及證達的過程次第。如學習到〈正因三相〉以及〈定解三相的量〉，能了解到要舉出一個正確的因，要符合哪些條件，而要了解這個因符不符合這些條件，往前一步應該了解哪些內涵，這樣的次第，不僅能讓自己漸次趣向證悟，同時也是找到一條引導別人證悟的路。學習〈成立名言的正因〉、〈成立境義的正因〉，能了解到我們對一個事物的認

知，有可能要從意涵上的認知再過渡到名相上的認知。在學習〈自性正因〉時，能了解可以運用同性質而有關聯的事物作為正因來成立同性質的所立法。如金屬與礦物為同性質，而金屬與礦物之間又有著「是金屬必是礦物、沒有礦物就沒有金屬」的關聯，因此金屬可以用來作為證成鐵沙是礦物的「自性正因」。學習〈果正因〉，能了解當確認了必然的因果關係，如母與子、火與煙、善業與樂果等等的因果必然性，那就可以用果的存在來推知因亦存在。如有兒子，可推知有母親，有濃煙可推知有火，有樂果可推知先前有造善業等等。學習〈不可得正因〉，能了解當我們對一件尚未確認、仍處於疑惑狀態的事物，不得斷言其存不存在，特別是以我們的修持程度而言，無法判斷誰心中擁有證量，所以對於所有人都要謹慎恭敬，不得隨意斷言其人無有功德而妄加輕蔑。學習〈信許正因〉，可以了解佛法當中細分的業果關係等等最為隱蔽難解的內容，應該用什麼方式來證達。學習各種相似因，能了解到自己在推理的過程中，是否用了錯誤的因、錯誤的論式。

　　學習心類學能了知各種內心的行相，由此對於自己平時生活中的各種心念，漸能觀察辨別。學習量論體系的心類學，能夠了解自己對於法的認知，目前是停留在什麼程度，未來應該經過哪些次第，加深證達的深度、清晰度。透過學習對法體系的心類學，能夠漸漸地依著教典觀察辨別內心的善惡煩惱感受，繼而及時地阻擋非理的心思以及策進善念。對於取捨自心相續的善惡而言，這方面的學習非常切要。這正是有些心類學論著會命名為《明取捨鏡》的理由。

此外，要特別提出的是，對於一位學習五部大論的人而言，其最終要建立起的空正見，是中觀宗的見解。雖然在學習攝類學時，主要依據的宗義，是下部派的經部宗為主，但是學習經部宗的種種宗義，卻是為將來學習上部宗見打下基礎。

在學習攝類學時，許多善知識都會提到，攝類學當中的許多內容，都是直通中觀空見的基礎，某些單元對於將來了解空性有直接的關聯。在學習的當下，由於尚未正學空性的內涵，因此很難理解這兩者之間究竟有什麼關係，但是在未來學習到空性時，便能深刻地感受到攝類學的重要性。

略舉數例而言之，如「反體」[7]的概念與「一與異」概念，在未來學習到二諦之間的關聯時，會學到「勝義諦與世俗諦二者是同一體性而反體相異。」也就是說，諸法表相上的呈現，與本質上自性空的真相，這二諦的名稱也好、內涵也好，都是不一樣的，因此在反體上是相異（只要名字不一樣，反體就不一樣）。雖然如此，但是勝義諦與世俗諦二者的體性卻是不可分割的，但凡世俗之法，則必有性空的本質；勝義諦性空的真相，也無法脫離世俗之法而安立，因此是體性一。這樣的概念，就有賴於對反體及一與異的認識。

又如攝類學中的成立法與遮破法，其中提到了無遮的概念——遮破了所遮之後，不另外引出成立法或非遮。宗喀巴大師在闡述空性的

7　瓶子的反體，義為從與瓶子為異而返回的法，即指瓶子本身。是瓶子的事物很多，但瓶子的反體只會有一個：「瓶子」。所有的法都是如此，只有他自己本身是自己的反體。

時候，一再地強調空性是無遮，也就是說空性只是遮除了所破自性的那一分，除了這一分之外，別無餘物。對於這一點，也必須先了解成立法、非遮、無遮的性相，才有可能深入的理解。

另外，中觀的教典當中提到，空性的安立，必須要安立在一個個「空依事」之上，如瓶子的空性，是依著瓶子這個空依事而空，空的是瓶子的自性。龍樹菩薩在《中論》當中，針對於不同的法，也就是不同的空依事的特性，用了不同的理路而作破斥。如〈觀因緣品〉、〈觀因果品〉，即針對因緣、因果這個空依事而破斥其自性，與〈小因果〉、〈大因果〉有非常密切的關聯。〈觀去來品〉、〈觀時品〉即針對去來、三時這個空依事而破斥其自性，與〈三時〉有非常密切的關聯。〈觀六情品〉、〈觀五陰品〉即針對六識、五蘊這些空依事而破斥其空性，與〈蘊界處〉、〈境與有境〉有著密切的關係。在攝類學的辯論當中，雖然不會直接探討到空性的內涵，但是辯論到相關的問題時，卻會與空性的理路暗暗相通，或者由於對於這些空依事深入的了解，在學習到空性時，較能夠趣入破除此等之上的自性之理。因此，學習攝類學與學習空性有著非常密不可分的關係。

同樣的，因類學與悟入空性的道理也有著很深的關聯。佛法當中的聖諦，唯聖者方能現前證達。對於凡夫而言，只能夠依著推理而生的比量作為未來現證的階梯。而比量的生起必須依靠正因，因此，要生起證得空性的比量，就必須了知證達空性的比量是依著何種正因而生起的。在探討空的教典當中，便舉出了諸如「離一異」、「緣起」、「遮破四生」等等諸多種證成空性的正因，並且明確的分析這些因歸

屬於何種正因。中觀所用的理路，其實也就是量論所用的理路，因此，在證達空性的過程中，難以離開量論所說的因明之學。這一點，在最初學習量論前行的內容時，雖然未必能夠了解到，但隨著學習的深廣度漸漸增長，最終一定會體會到其中緊密的關聯。因此在最初學習的時候，應當抱持著要趣入空性的動機來學習，有時表面看起來是在字詞上轉，但切莫將之視為文字之學或口舌之爭，以致失去大義。就如《賽倉攝類學未竟篇》中所說的：「**當在字面上糾纏而辯論的時候，如果對於這類的理路不善巧的話，就無法把持住承許。而且，對於任何的詞義都作極其細緻的觀擇，這就是量論以及中觀的特法，所以不要對此感到輕忽！**」

陸、學習攝類學所應具有的正確意樂

陳那、法稱等諸大論師力弘量學，廣著論說，將量學與佛法的教理做了深入的結合，這些論著成為了研習佛法所需的珍貴寶典。然而如果不能通諳此理的話，在學習這些法相邏輯之學的時候，很容易落入兩極化的錯誤心態：第一、認為這些內容都只是用來諍論的，沒有修行的內涵在其中，甚至不認為這是佛法，因此不重視量論典籍，心生輕蔑。二、深深地耽味其中，但是不以所學的理路來深入探求內心，證成經教所說的內涵，只是愛樂與人諍論，增長貢高我慢之心。在學習量論的時候，如果不能避免這兩種歧途，或者會障礙學習量論

的欲樂，或者會徒勞而無義。因此，在學習量論之初，以一種正確的心態、動機來學習，是至關重要的一步。

一、修正對於量論的錯誤認知

　　對於第一類心態，宗喀巴大師在他所著的《正量匯道論》，分析了四種不同的錯誤認知，並且加以糾正。在此，就依著大師論說的綱要來進行探討。

　　第一種錯誤的認知是：「量論只是一種斷除諍論的推理分別而已，因此，對於希求解脫的人而言，是不必要的。」大師在此先對『推理分別』做了分析。推理分別有兩類，一類推理分別是：**「已經超出了正法的範圍，就像開示解脫輪迴道的導師洲生等人，自己並沒有通曉諸法真如，只是用分別妄計出解脫道建立。」**這類推理分別，純屬妄想，沒有意義。但是如果認為量論教典是屬於這類推理分別，而說求解脫的人不需要量論教典的話，這個原因是成立不起來的，因為量論典籍並不是這種沒意義的推理分別。宗喀巴大師說：**「大師薄伽梵現前了知無餘一切的所知──如所有性和盡所有性，繼而開示了至言實性，對於佛陀所說的這些內容，在正理論典當中，都作了無倒的抉擇」**，因此不能說量論教典是沒意義的推理分別。

　　第二種推理分別是對於諸法真實性的正確推理，這種推理只不過是相較於「現量」、「聖智」而言，有一些缺陷。比如說：它必須依靠聲音、理由來證達；證達之後有可能被別人影響而退失；這種智慧無法一次悟入所有如所有性以及盡所有性；對於所證達的實性也只是

粗分的顯現，而非現前清晰地明現；這些推理分別是有局限性的，所以比較低劣。量論教典講的確實就是這種推理分別，雖然相較於聖智有著種種缺陷不足之處，但卻是我們這種凡夫走向聖道的階梯，捨卻了這種推理分別，我們如何證道成聖？因此大師說：「**加行道的世第一法等等，都只能用尋伺而將實性作為其境，這麼說來（連加行道）對於希求解脫的人也應該是沒必要的。假如是這樣的話。（聖者的）見道以上就都是無因生了。而且此時此刻你面對我立宗的這顆心，對於希求解脫也是沒有用的，因為這也只是伺察的緣故。**」

第二種錯誤認知是：「**這些七部量論，是因明邏輯的學說，不是佛法內明，所以對於希求解脫的人而言是沒有必要的。**」對於這個問題，大師先界定了因明與內明的定義。所謂的因明，就是陳述正確的理由來成立自宗，以及破除他宗。而內明，則是指了解自心之上的錯誤，並且對之進行破除。因此因明與內明二者並沒有相違。像外道的諍論之學，雖然是因明卻不是內明，但是陳那菩薩、法稱論師的量論教典，主要都是在闡述增上慧學，抉擇無常無我的道理，這些教典固然是因明，但是當然也是內明，豈有只要是因明就不是內明的道理？這種錯誤的認知，會導致學人棄捨量論教典，因此大師嚴厲的斥責說：「**此說是斷解脫道根。**」

第三種錯誤認知是：「**（像印度這種）在有外道之地區，需要殲滅對於教法的邪解，所以才需要此些論典。但是像藏地，就不需要這種教典。**」大師對此駁斥說：當有情心續中還有妄計諸蘊常樂我淨的邪解時，這些量論的教典就有非常大的意義。因為這些教典用正理破

斥這些妄計分別所耽著的境界是虛無的，並且無倒地抉擇解脫道，因此，對於希求解脫的人而言，量論教典是必需的殊勝津梁。克主傑大師在《七部量論莊嚴除心意闇》中，對於這個問題更是直劈道：「**在沒有外道的地方，需不需要破除自己相續之上的增益執？需不需要證達無常苦空無我等等？需不需要對於有沒有前後世、業果之間的關聯引生定解？你自己好好想想吧！**」學習量論教典，主要目的既然是為了抉擇自心，自然不須觀待當地有沒有外道才決定要不要學了。

　　第四種錯誤認知是：「（學習量論也）不是沒有意義，但那不過是抉擇相違相屬而已，只能成為觀緣其他正道的助伴，就像鹽巴一樣（不是主要的）。」大師駁斥道：「**這種說法也是不合理的。因為量論教典當中無倒地抉擇現前增上生及究竟決定勝，如果有比這種抉擇更加超勝的，那就請你提出來吧！**」

　　在《宗喀巴大師廣傳》中記載：「**中間有一段時間，他閉關修持，在修持的空隙中，閱讀《釋量論》的解說《理藏》，閱讀到第二品中開示『道之建立』的情況，因此對於法稱論師的學說和理路，猛利地生起了不可抑制的無量信仰！據說在那一年秋季安住的時間中，他一閱讀《釋量論》時，油然生起信仰，汗毛豎動，止不住信淚長流！**」這是宗喀巴大師學習量論時親身的體悟。因此在大師的著作中，可以看到他以其親身的體悟，結合明晰的理路來破斥世人對陳那菩薩、法稱論師的量論的錯誤見解。而宗喀巴大師的高足克主傑大師所著《七部量論莊嚴除心意闇》、賈曹傑大師的《正量匯道論》、僧成大師的《正理莊嚴論》中，也都有提到相關的內容。正是由於大師

父子如此致力於改正世人對量論的錯誤看法，因此才有今天藏傳佛教對量學，乃至對整體佛教的恢弘成就。

二、修正低劣的學習意樂

對於量學沒有好樂之心，或對於量學不了解的人，較容易發生上述種種的錯誤認知。但是對於正學量論的學人，縱然對於量學有強大的好樂，在學習的時候，仍然應當時時提昇自我學習的動機。如宗喀巴大師所說的，要以證成佛法教義，去除自心的邪解為目的來學習量論的典籍，而非將重點放在與對方的諍論。祖師們一再教誡道，以諍論為目的來學習量論，不僅自己將感得衰損，也會導致障礙別人對於量論典籍發起恭敬之心。在賈曹傑所寫的聽聞宗喀巴大師講解量論的筆記中就有提到：「**因此，如果想要希求解脫的話，就應該珍惜這些論典，精勤地聽聞思惟，要圍繞著生死流轉還滅的主題，而致力於聽聞、如何做到其方便等等。不能只是為了與人諍辯而學，這麼做的話，自己會感得衰損，還會障礙別人對於教典產生恭敬。**」

然而在正學辯論的時候，由於我們宿生的習性，很容易不知不覺地就把重點放在文字上的諍論，或辯論的勝負。因此將所學的辯論用來向內觀察，其實是一門需要長時間不停地修練的功夫。恩師日常老和尚及真如老師在創立本寺的五大論學制時，一再地強調辯論要結合心續，以及辯論的目的應當是為了認識煩惱、降伏煩惱。常師父在對沙彌班的開示中就曾提到：

「**所以以前在藏地講完了以後，這個老師進一步說：『你現在講**

的文字會了，你也會辯論，也辯得頭頭是道，可是你曉得學的內容是指的什麼嗎？」啊，進一步告訴他。所以他一面辯論，剛開始的時候經過辯論學的話，漸漸漸漸他等到辯論愈深，他對自己裡邊的煩惱的行相認識得愈清楚，因為認識得愈清楚，這個道理不但要告訴你怎麼認識煩惱，還要告訴我們怎麼、用什麼方法去拿掉這個煩惱。所以一步一步地很認真地學，學到後來學會了這個東西啊，他不但認識，而且可以慢慢地拿掉這個煩惱。表面上面看來學的一樣的，實際上產生的功效是這個樣的。」

此外也特別教誡，不應當因為學習了辯論反倒成為增長我慢的因緣：

「那現在呢他們也在那兒辯論，文字是認識了，但是欠缺一樣東西，這個文字所指的這個煩惱的行相，以及怎麼去拿掉煩惱，這一點他們沒有學好。我講的這個，大家清楚不清楚？這個非常重要的關鍵。所以他們學的過程當中啊，就會產生什麼現象啊？他自己覺得：我今天跟你辯論，我不能辯輸喔，我要贏你。就這樣。然後呢所以這個地方呢爭強好勝之心是愈來愈強，愈來愈強，總覺得不服輸！這不服輸是件好事情，因為有不服輸所以策勵自己去學。可是以前的人不服輸是用這個不服輸啊來認識自己的煩惱，來鬥自己的煩惱，現在的不服輸不是！現在的不服輸啊增長煩惱，煩惱是什麼？就是驕傲心。啊！我行，他不行，我要把他壓下去！所以表面上面一樣，可是裡邊的結果不一樣。」

真如老師對於應當如何將辯論結合心續，也做了許多方面的指

導。首先，真如老師開示道，在一開始學習辯論的時候，就應該徹底的調正動機，不能懷有偷心，認為可以先用爭勝負的意樂調動學習動力，等到將來學到一定的程度時再好好調整內心。筆者在十多年前最初親近真如老師學習時，就曾經就這個問題而做請益，真如老師回答說：

「我不認為為了調動學習的動力，在一開始學習辯論的時候就可以把名利心，爭勝負的心當作學習的動機。有人可能會認為，剛開始學習的時候，可以不用注意對治這些煩惱，等到以後學多了再調整，但我認為這不是一種清淨的學習方式。這種想法就像說，一開始你種了豆子，最後希望它突然結成瓜一樣，這是不可能的。如果我們一開始就持有錯誤的動機，沿著這個續流下去，有什麼理由到後來會突然改成正確的動機。」

真如老師強調，我們必須從一開始就有正確的認知，以免初一若錯，乃至十五。但在正式學習時，這種錯誤的現行是有賴於在每一個學習當下不斷的去練習、修正，才能調整過來。對於辯論時如何調正動機的方法，真如老師提出了具體的方法。第一點，就是憶念祖師佛菩薩而祈求加持：

「有些人會說：我擔心我一上辯論場就起我慢心，想要取勝。但祖師們教導我們，一上辯論場時，第一個擊掌就唸誦文殊咒的種子字『諦』，這就是在教導我們站上辯論場的第一件事，要祈求上師與本尊無二無別的加持。當你的心中，面對著偉大的文殊而作虔誠祈求時，怎麼可能還生得起我慢心？」

　　其次，真如老師還強調，在學習的時候，應當把祖師們所講的理路，對照自己生活中的現行。我們心中的種種煩惱，當以正理去簡擇的時候，是否就像量論教典中所說的那樣，不合乎正因。筆者第一次晉見真如老師時，曾請問真如老師，為何在學攝類學時，祖師們要大量的寫下破斥「是顏色一定是紅色」等等的他宗內容。真如老師回答說：

　　「我們在看這些破他宗的內容時，常常會覺得，祖師筆下的這些他宗，好像犯的都是一些很顯而易見的錯誤，在學習時，就會有一種這些他宗與我無關的感覺。如果這些他宗都與我們這些所化機是無關的話，祖師們又何必寫下這些對我們沒有利益的內容？其實這些他宗，就藏在我們的心裡。像他宗說：『是顏色的話，遍是紅色。』這顯然是犯下了把不遍認為有周遍的過失。但在我們平時現行的生活當中，就常常會因為別人的一句話，或一個行為，我們就認定別人對我們不好，因為他怎麼怎麼說了。當我們用理路去檢查的時候，就會發現，我們犯的正是這種沒有周遍的過失。而且這種過失，幾乎遍覆於我們的日常生活中。」

　　此外，筆者在親炙真如老師學習的過程中，也見到老師如何將教典所說的內容，用於內心上的修持的典範。由此也令筆者深信，祖師們所著作的量論教典，也都是修心的殊勝教授。

　　真如老師在學習因類學的果正因時，讀到祖師說，在正因論式當中，可以用果來推知因的存在，但是不能透由因來推知果的存在。因為因在將來產生果的過程當中，會有許多障礙，導致果未必能夠出

生。學到這個內涵之後，心中非常地震撼：

「以前會認為因來推果，是一個非常慣用的思路。經過學習因類學之後，才知道這種推理是不正確的。在不曉得這個道理之前，以前看到別人造了深重的惡業，心中就會直接想到將來必定會感得多嚴重的惡報，因而為之感到愁苦。但學習了果正因的道理之後，發現祖師揭示了一個很深刻的道理：結果還沒到，還有轉圜的餘地。應該在結果還沒到來之前，努力地尋找改變的方法！」

另外，筆者還曾聽聞真如老師研讀到「觀待後諍者不成立因」的內容時感悟到：

「透過這個『觀待於後諍者不成立因』的安立方式，足見量論祖師深厚的大乘意樂。一個擁有正確認知的前諍者[8]，在為後諍者[9]講述論式時，就算道理上是對的，但是後諍者的根性、程度，如果還不足以理解的話，這樣的論式尚且會被安立為不成立因，不能列入於真實因之列。從這點上，就知道祖師一切的言語，其立意都是為了真實地饒益眾生。以前教導別人的時候，如果遇學者不能領悟，我便會懷疑甚至自責，是不是我教的內涵有錯誤，為什麼說了這麼多次別人還不能領解？現在知道，很多時候，就算義理是正確的，聽的人還是不會懂的。這時候，就是要更努力地尋找更淺之階梯，讓別人走得上來而後已！祖師的深意，是那麼的悠遠啊！」

8　在此指已經了達事理，要以正因論式為不了解的後諍者解說，令其了達事理的說論式者。

9　在此指未了達事理，正由前諍者講說正因論式而趣入了解事理者。

透過師長們的教導，只要能夠把持住正確的見解、動機，努力的在聞思的過程中，朝向修練自心的方向走去，我們最終一定能夠像祖師那像，真實地體悟到這些量論的典籍，是希求解脫者的勝妙津梁！

三、避免因為疑點難解而對真理徹底懷疑

在學習辯論的過程當中，非常強調對於一個立宗不斷反覆的思擇，因此，傳統的五部大論授課方式，除了講解經論的內涵之外，就是對學生的立宗不停地辯難。一般而言，學生們對於授課格西的攻難，幾乎沒有任何招架餘地。以致於像「顏色不一定是紅色」這樣的立宗，都會被駁倒。因此，學生們固然知道經論上所說的正確立宗為何，但是真的在辯論高手面前，任何被認為是正確的立宗都未必能守得住。

因此在學習辯論的時候，有時難免心生疑念：這世上究竟有沒有真正立得住的真理？這樣的疑惑一旦過了一個限度，就有可能成為對一切對錯的立宗，都心生懷疑。

辯論的原意，在於找出之前未發掘的疑惑，繼而斷除它，使正確的知見更加的堅固。但是如果到了對任何事物都心生疑惑的話，這對於進一步探求真理並沒有幫助。因此疑惑的界限是非常重要的。

在心類學當中就有提到三種不同的疑惑：平等疑、合理疑、不合理疑。平等疑即是對正反兩方面都處於平等狀態的疑惑，合理疑即指對於境界雖然疑惑，但傾向於正確的方面，不合理疑則反之。透過辯論的觀擇，我們會發現自己對於一個經典所說的正確立宗還有許多

的疑點，但是不能因此就心生不合理疑，認為經典所說的正確立宗應該是錯誤的。雖然只是疑惑，但是合理疑會帶著我們趣向正理，不合理疑則會帶我們趣向非理（除非是從一味執取錯誤立宗而轉成不合理疑，這種狀態相對來講算有進步）。這就是《藍色手冊》中所說的：「合不合理疑，亦成進退因。」我們對一個正理，就算還未完全證達，依舊可以在合理疑的狀態下建構信心，就像《應理論》所說的：「世間希求者，雖疑亦趣故。」因此，要留心不要在辯論的過程當中，連原有的信心都失去了。在還未完全定解時，應當隨順著經論的立宗，從合理疑一步一步趣入於定解。這樣的學習次第，便是《大智度論》中所說的：「佛法大海，信為能入，智為能度」的意趣。

因此佛陀固然提倡不要盲目的相信，就像經中說的：「**比丘或智者，應善觀我語，如煉截磨金，信受非唯敬**」，而且論典中也說到，利根的法行者不會在還沒證達之前就起猛利不退的信心，一定要觀察定解之後，才會生起猛利不退的信心。但是不能因此便誤解為，對於經論所說的內涵，一開始不可以馬上生起信心，一定要先懷疑，等到之後觀察確定之後才可以生起信心，這是對經論錯誤的理解。因為佛陀所遮止的是對於佛語只是信從而不觀察，卻從未遮止對於佛語已生的信心。而論典中所說的利根的法行人，只是在對經論的定解之後才產生了「不退轉信」，但並不是一開始見到經論所詮的內涵時沒有「信心」。嚴格來說，利根的法行人，在初聞經論時，雖然尚未定解，但是會生起合理疑而具足信心，接著進一步按照經論的內涵去觀察而得到定解之後，再生起更強猛的信心，這才是論中所說的利根者

的真實行相。

　　文殊化身貢唐大師所著的《辨了不了義善釋難論》中，對此問題就曾明晰的解釋說：

　　「利根者看到經典沒有違害之後，就會斷除一味執取經論為非理之增益，這個時候，雖然還沒有斷除執持二端的增益，但是除了合理疑之外，大抵已經不會生起平等疑了，所以可安立他已經獲得信心。應當如此，因為在那個時候，固然已經發起信心，但是再以正量對於其中的義理獲得定解而無餘斷盡增益的時候，他的信心，會轉加強猛利，從而發起不退轉信的緣故。」

　　因此，無論是利根的法行人還是鈍根的信行人，在學習的階段中，信心都是不可或缺的。筆者在2006年學習因類學時，曾與多位同學一同向真如老師請益，在學習的過程中，時常被授課格西辯到啞口無言，以致於對經論所說的內涵都不知道是否應當如言信解，心中有種無所適從的苦受。真如老師對此問題回答道：

　　「在疑惑的大海中，我們必須要先學會站在安全島上，讓我們不要沉沒。這個安全島是什麼？就是對於三寶、對於經律論的信心。你唯有先站在這個信心的安全島上，才有可能進一步建構正理的大船，最後渡越疑惑的大海，而證達經論中所說的內涵。」

　　筆者透過親身的學習經歷之後，深深的體悟到這番教言，宛如救命良藥，治好筆者及諸多修行人心中迷茫的痛苦，由此走出一條安穩的修行之路。一個修行人，如果失去了對三寶、教典的信心，就宛如失去了安身立命的支柱點。在沒有這個支柱點的狀態下，何來動力與

毅力來走完漫長的探求真理之路。這點，諸凡有心學習五部大論、學習辯論者，請務必要加以重視！

四、在量論前行的基礎上希求學習諸大經論

　　宗喀巴大師認為必須殷重學習量論，主要的理由是陳那菩薩、法稱論師所著的量論教典當中，以正確的因明推理善為抉擇成立佛陀為正量士夫、業果無誑、無我空性的道理。當我們在學習量論前行的論著時，其中的內容會比較傾向於建立破立的思辨理路，對於佛法要義的內容，較少像印度的量論典籍那樣做直接的探討。而量論前行分成攝類學、因類學、心類學三科之後，攝類學更是側重於思辨本身的練習，相對而言，因類學、心類學較接近原本量論所探討的主題。因此許多大格西們都會教誡到，不要耽著於攝類學中字詞的辯論，要進一步學習因類學、心類學。不僅如此，對於龍樹無著二大車軌的論著，應當心生希求，更進一步地深入學習。色拉昧學派量學教材論主大格西智自在（色拉昧格西耶謝旺秋・1928－2000）所著的《開啟新慧理路之眼》中就教誡道：「**學習攝類學主要的意義，是為了對印藏的諸大論典產生深刻的理解，進而能夠以自力講述著作佛語，如果只是沉溺在咬文嚼字上頭，就會失去心要義的珍寶。因此，不要耽著攝類學的周遍斷語而感到自滿，應該要進一步去學習因類學、心類學！**」果芒學派教材論主妙音笑大師的親傳弟子——堪千僧海（堪千根敦加措・1679－1765）在其所著的《堪千攝類學》當中也說到：「**不僅要從聽聞等門趣入二位正理自在的教典，對於紹聖尊不敗怙主及無著兄弟、聖龍樹父子的**

教典也要以聽聞等門趣入而善加學習。」因此，精嫺於攝類學的理路之後，應當更進一步趣入因類學、心類學，乃至二大車軌的教典，如此方能將所學的思辨之法，運用於心要之處。

柒、學習攝類學的要點

一、訓練辯論理路的次第

(一)了解法相定義支分

要進入正規的辯論之前，要作好許多前行的準備。第一步，應當先從教本當中，了解自宗對於種種法相的定義，以及各個法相有何支分。了解了法相的定義範圍和相互之間的關聯之後，才能進一步針對法相的內涵進行思辨。

(二)熟練正規辯論問答

藏系的辯論，依據印度的量論而定出非常嚴密的問答方式，以避免辯論焦點模糊、勝負難分等種種的問題。學習辯論時，第一步就是熟練這些辯論的問答格式。

在問的部份，要熟練組織應成論式，正規的應成論式必須要有「所諍事」、「所顯法」、「因」三個組成元素。如「瓶子有法，應當是無常，因為是所作性。」有時只是為了測問對方的觀點，也有可能不舉「因」，只舉「所諍事」、「所顯法」，如「瓶子有法，應當

是無常」，以探問對方會立什麼宗，持什麼觀點。

答的部份，對於只舉「所諍事」、「所顯法」的應成論式，如果贊同，則答「承許」，如果不贊同，則反詰「為何」？表示無法承許，請問難者進一步舉出為何要如此成立的原因。

而對於完整舉出「所諍事」、「所顯法」、「因」三者的應成論式，由於已舉完原因了，所以不可以反詰對方「為何」，因為問方已經舉出原因了。所以，如果認同就回答「承許」，如果不認同的話，就要簡擇為什麼不認同，是因為「有法」不是其所舉的「因」，還是其所舉的「因」，不一定就是其所舉的「所顯法」，如果是前者，就回答「因不成立」，如果是後者就回答「不遍」。當然有可能既因不成又不遍，在這種情況下，則優先回答「因不成立」。如果不能回答「因不成立」，也不能回答「不遍」，那就必須回答「承許」。

只有一種特殊狀況，才能脫離上述的三種回答，那就是所探討的問題已超出可推理的範圍。如，「此處有法，應當有鬼，因為有食肉鬼。」這個應成論式是有周遍的（有食肉鬼就一定有鬼），因此不能回答「不遍」。但是因成不成立——此處有沒有食肉鬼——無法由推理來確認，因此無法判斷因成不成立，所以也無法進一步判斷可不可以回答承許。這種狀況下，可回答「存疑」。除此之外，凡是應成論式中的內容屬可推理範圍，就必須限制在上述的三種回答中來回答。

在一開始練習時，可以先自製大量的應成論式，或者是找一位法友相互提問，然後思考這個應成論式的因成不成立，有沒有周遍，再做回答。以下略舉數個應成論式及正確的回答：

「瓶子有法，應當是金屬製品，因為是容器的緣故。」思考軸線：瓶子當中雖然有金屬製品，但總體來講不能算是金屬製品。所以不可以回答「承許」（承許瓶子是金屬製品）。那麼對方舉的因有什麼問題嗎？瓶子是容器，這點沒有錯，所以不能回答「因不成立」，但是是容器不一定是金屬製品，所以這個因是「不遍」的（是容器不遍是金屬製品），所以正確的答案是：「不遍！」意為是容器的話不遍是金屬製品。

「瓶子有法，應當是常法，因為是不會壞滅的法的緣故。」思考軸線：瓶子應該不是常法的才對。那麼對方舉的因有什麼問題嗎？瓶子會壞、會破，是眾所周知的事，所以對方所舉的「因不成立」。不過如果是不會壞滅的法的話，倒一定是常法沒錯，所以不能回答「不遍」。所以正確的答案是：「因不成立！」意為瓶子不是不會壞滅的法。

「瓶子有法，應當是物質，因為是微塵所成的緣故。」思考軸線：瓶子是微塵所聚成的沒錯，因此不能回答「因不成立」。而攝類學中也說到微塵所成是物質的性相（定義），所以是微塵所成一定是物質，因此也不能回答「不遍」。既不能回答「因不成立」，又不能回答「不遍」，所以只能回答：「承許！」意為承許瓶子是物質。

依著上述的思考方式，在初學的時候，可以將攝類學中學到的法相互相搭配，舉出大量的應成論式來嘗試回答，而在回答的同時，也要清楚這麼回答代表著什麼意義。不久自然就能掌握住正規的辯論回答方式。

(三)練習破斥錯誤立宗

　　對於正規的辯論問答略為熟練之後，可以開始針對一個主題進行辯論。在練習辯論時，一開始先練習如何破斥錯誤的立宗。在這方面的練習，可以參考辨析體的教本中破他宗的內容，以其中的辯論題做為範本來練習。不過，辨析體中破他宗的寫作方式，為了行文簡潔，所以對於辯論的過程會有所省略，初學者沒有經過指導，幾乎無法理解。以下僅舉出《賽倉攝類學》中第一個破他宗的辯論題原文，再附上還原為完整辯論過程的辯論題，以供初學者參考：

《賽倉攝類學》

　　有人說：「是顏色的話遍是紅色。」

　　那麼白法螺的顏色有法，應當是紅色，因為是顏色的緣故。已經承許周遍了。

　　如果說因不成立的話，白法螺的顏色有法，應當是顏色，因為是白色的緣故。

　　如果說因不成立的話，白法螺的顏色有法，應當是白色，因為是與白法螺的顏色為一的緣故。

　　如果承許根本論式的宗，白法螺的顏色有法，應當不是紅色，因為是白色的緣故。

　　如果說不周遍的話，這應當有周遍，因為白色與紅色二者的共同事不存在的緣故。

　　如果說因不成立的話，白色與紅色二者的共同事應當不存在，因

為白色與紅色二者是相違的緣故。

完整版：（粗體字表示為原文省略的部份）

問：是顏色的話，應當遍是紅色。

答：承許（承許是顏色的話，遍是紅色）。

問：白法螺的顏色有法，應當是紅色，因為是顏色的緣故。已經
　　承許周遍了。

答：因不成立（白法螺的顏色是顏色不成立）。

問：白法螺的顏色有法，應當是顏色，因為是白色的緣故。

答：因不成立（白法螺的顏色是白色不成立）。

問：白法螺的顏色有法，應當是白色，因為是與白法螺的顏色為
　　一的緣故。

答：承許（承許白法螺的顏色是白色）。

問：喔嚓！白法螺的顏色有法，應當是顏色，因為是白色的緣
　　故。已經承許因了。

答：承許（承許白法螺的顏色是顏色）。

問：喔嚓！白法螺的顏色有法，應當是紅色，因為是顏色的緣
　　故。已經承許因和周遍了。

答：承許（承許白法螺的顏色是紅色，也就是承許根本論式——
　　第一個問難的應成論式——的宗）。

問：喔嚓！白法螺的顏色有法，應當不是紅色，因為是白色的緣
　　故。已經承許因了。

答：不遍（是白色不一定不是紅色）。

問：是白色的話，應當遍不是紅色，因為沒有白色與紅色二者的共同事的緣故。

答：因不成立（沒有白色與紅色二者的共同事不成立）。

問：應當沒有白色與紅色二者的共同事，因為白色與紅色二者是相違的緣故。

答：承許（承許沒有白色與紅色二者的共同事）。

問：喔嚓！是白色的話，應當遍不是紅色，因為沒有白色與紅色二者的共同事的緣故。已經承許因了。

答：承許（承許是白色的話，遍不是紅色）。

問：喔嚓！白法螺的顏色有法，應當不是紅色，因為是白色的緣故。已經承許因和周遍了。

答：承許（承許白法螺的顏色不是紅色）。

問：喔嚓！白法螺的顏色有法，應當是紅色，因為是顏色的緣故。三輪（已經承許因和周遍了，卻又不能回答承許）！

答：不遍（是顏色的話不遍是紅色，與最初說的是顏色遍是紅色相違）。

問：根本宗嚓！

辯論的重點，在於抓準最初立的根本宗，自始至終不脫離這個焦點，直到把根本宗摧壞為止。以上述的辯論題為例，其錯誤的根本宗為：「是顏色遍是紅色。」因此問難者一定要將核心對準這個主題而

進行攻難。當答方為了維護這個錯誤立宗，而進行種種詭辯，立出諸如「白法螺的顏色不是顏色」、「白法螺的顏色是紅色」，「是白色不一定不是紅色」等等宗時，就要進一步摧破這些支分的錯誤立宗，但是摧破之後，必須回扣主題，把「是顏色遍是紅色」這個根本宗摧破，這場辯論才算成功。

　　初學者一般會專門以一道標準的辯論題做為範本，不停地反覆練習，掌握到其中的要則之後，可以改為相似的題目。如學會如何破斥「是顏色遍是紅色」之後，自然就可以練習破斥「是顏色遍是黃色」，繼而再練習與此主題差異性較大的題目，如「是色法遍是色處」等等的問題。

(四)練習正反雙向破斥

　　上述的練習，都屬於初階的辯論練習。接下來就到了所謂「雞蛋裡挑骨頭」[10]的辯論階段了。

　　如同前述，藏系辯論的開場，是由問難者對立宗者提出一個問題，立宗者回答之後，就立出了該場辯論的「根本宗」。依著這個根本宗，問難者再依序提問。在辯論場上，不會有立宗者一開始就故意立出顯而易見的錯誤立宗。就像上述的問題：「是顏色的話，應當遍是紅色。」像這樣的開場問題，只要有學過辯論的人，都會答出「是顏色的話不遍是紅色」的正確立宗。因此，在正規的辯論場上，問難

10　此為恩師日常老和尚對藏地辯論的形容之語。

者所面對的立宗，其實都是一些「與經論極為相順」的立宗，而問難就得想方法駁倒這些立宗。駁倒之後，再設法重宣經論之意，把與經論不合的立宗扳正回來。

破錯誤的立宗容易，駁正確的立宗難。而有關這方面的辯論題目，早期都只存在於師徒的口耳相傳，以及辯論的臨場智慧之中。直到近來，才漸漸有格西們筆之成書。這種辯論題，往往得別出心裁，才有可能將公認的正確立宗逼入窘境。

就以前述的辯論題為例，以下演示如何辯駁「是顏色不遍是紅色」的立宗。

問：是顏色的話，應當不遍是紅色。

答：承許（承許是顏色的話不遍是紅色）。

問：是顏色的話，應當遍是紅色，因為除了紅色之外，沒有其他顏色的緣故。

答：因不成立（除了紅色之外，沒有其他顏色不成立）。

問：除了紅色之外應當沒有其他顏色，因為沒有不是紅色的顏色。

答：因不成立（沒有不是紅色的顏色不成立）。

問：應當沒有不是紅色的顏色，因為沒有「不是紅色」的色處。

答：因不成立（沒有不是紅色的色處不成立）。

問：應當沒有「不是紅色」的色處，因為沒有「不是紅色」的衣著。

答：因不成立（沒有不是紅色的衣著不成立）。

問：應當沒有「不是紅色」的衣著，因為沒有「不是紅色」的親
　　人。

答：因不成立（沒有不是紅色的親人不成立）。

問：應當沒有「不是紅色」的親人，因為沒有「不是紅色」的父
　　母。

答：因不成立（沒有不是紅色的父母不成立）。

問：「不是紅色」有法，應當沒有他的父母，因為他是無生之法
　　的緣故。

答：因不成立（「不是紅色」是無生之法不成立）。

問：「不是紅色」有法，應當是無生之法，因為是常法的緣故。

答：承許（承許「不是紅色」是無生之法）。

問：　　喔嚓！「不是紅色」有法，應當沒有他的父母，因為他
　　是無生之法的緣故。

答：承許（承許沒有不是紅色的父母）。

問：喔嚓！應當沒有「不是紅色」的親人，因為沒有「不是紅
　　色」的父母。已經承許因了。

答：承許（承許沒有不是紅色的親人）。

問：喔嚓！應當沒有「不是紅色」的衣著，因為沒有「不是紅
　　色」的親人。已經承許因了。

答：承許（承許沒有不是紅色的衣著）。

問：喔嚓！應當沒有「不是紅色」的形色，因為沒有「不是紅

色」的衣著。已經承許因了。

答：承許（承許沒有不是紅色的形色）。

問：喔嚓！應當沒有不是紅色的顏色，因為沒有「不是紅色」的
　　形色。已經承許因了。

答：承許（承許沒有不是紅色的顏色）。

問：喔嚓！除了紅色之外應當沒有其他顏色，因為沒有不是紅色
　　的顏色。已經承許因了。

答：承許（承許除了紅色之外沒有其他顏色）。

問：喔嚓！是顏色的話，應當遍是紅色，因為除了紅色之外，沒
　　有其他顏色的緣故。

答：承許。

問：根本宗嚓！

以這道辯論題為例，一開始的立宗「是顏色的話不遍是紅色」，
這點是絕對正確的。但是問難者先將「是顏色遍是紅色」與「除了紅
色之外沒有其他顏色」、「沒有不是紅色的顏色」三者劃上等號。其
次，針對「沒有不是紅色的顏色」這點，使用的排比類推式的提問
「應當沒有不是紅色的顏色、色處、衣著、親人、父母」，令原有的
概念先模糊化──從一開始「不是紅色的顏色」是指不是紅色的其他
顏色，模糊到可能是指「不是紅色」本身的顏色，進而完全轉換概
念──把「沒有不是紅色的顏色」的概念變成是「不是紅色」本身沒
有顏色，最後令答者承許了沒有「不是紅色」的顏色，繼而推翻之

前被劃成等號的「是顏色不遍是紅色」與「除了紅色之外沒有其他顏色」，最終不得不做出與自宗相違的承許。

在正學量論前行課程乃至五部大論的時候，授課格西會提出大量這類問難性的辯論題。而學生也必須熟記其中的理路，並且在辯論場上加以靈活運用。在這個階段中，不只是學習掌握另類的思路，更是在重新檢視自己對正確立宗認知的深淺。

(五)練習尋求細緻差別

一般而言，在辯論場上，無論是問是答，都各有難點。然而在教學的過程中，授課格西往往會以傳授辯難的思路為主，對於如何回答較少直接點破，以促進學生能夠勤閱經論而加深對自宗的理解，並且透過辯論來思考答案。

在辯論場上，不僅要時常察覺問難者如何轉換概念，還要對於問難者提出的教典相違做出解釋。這些解決難點的答案，在辯論術語中稱之為「細緻差別」（ཞིབ་ཆ）或「持守的界限」（ཟིན་མཚམས），可以說是對於自宗最深細的認知。找出這些能夠解決難點的答案，掃除以往對於自宗的認知中所未知的盲點，最後確認自宗的不可動搖性，這才是我們學習辯論真正希求達到的目的。

二、研閱教典的方法

量論前行的著作非常浩瀚，在閱讀的時候必定要有先後次第。

格魯派的各大聞思學院，都有各自依從的學派教本論主。在辯經

時，佛經、印度論著是不分教派所共同依據的教典。而宗喀巴大師、賈曹傑、克主傑、根敦竹巴的著作，是屬於所有格魯的各個學派所共同依據的教典。格魯派中又分成多個學派，其中最著名的三大學派為色拉杰、洛色林、果芒學派。此外，還有色拉昧學派，札什倫布寺也有兩個學派，各別較小的寺院中有時也有自己獨自依據的教本。不同學派各自依據自己所依據的教本，互不相通。除此之外，其餘的教典，在辯論時不能用來引據，只能當作學習時參考的論著。

　　每個學派當中，都會有各自的教本論主。各個學派的學僧在學習的時候，一定會先研讀教本論主的著作。其次，再研讀同一個學派的祖師所著的相關論著，或者是宗喀巴大師父子三尊的相關著作。如有餘力，再旁及其他學派的論著，或者是印度祖師的論著。總之，必須先確立一個學派，以一個學派的論著作為脈絡，先讀主要論著，再讀其他參考性的著作。

　　以果芒學派而言，主要的教本論主為一世妙音笑大師，其次還有二世妙音笑大師、一世賽倉大師及三世貢唐大師。而果芒學派中的拉卜楞寺體系，還會依據《惹氏攝類學》。這四位祖師都著有攝類學著作，而且像妙音笑大師、賽倉大師的攝類學著作都不只一本。但是在教學時，以《賽倉攝類學》做為教本。因此在研讀的時候，必須先以《賽倉攝類學》為主，進行熟讀，甚至背誦。其次再閱讀其他可作依據的教典。如《惹氏攝類學》、《賽倉攝類學未竟篇》、貢唐大師的《理路幻鑰》、妙音笑大師的《攝理心要頌》等等，把自己學派中可做依據的教典先全面熟讀。

　　其次可以旁及同派的參考著作，如《攝理心要頌釋》、《理路如意花》。也可往上閱讀父子三尊的相關著作，如克主傑大師的《七部量論莊嚴除心意闇》。一般而言，同派的參考著作較易理解，學習同派的著作也會對於自己學派的學說掌握得更完整。學習父子三尊的著作較為困難，但是理解的程度會更加深刻，而且未來較能與不同學派者進行討論。

　　以上的內容都有了一定的了解之後，真的還有餘力，可以再參閱其他教典，如《永津攝類學》、《堪千攝類學》等。

　　此外，量論前行的論著有很多不同的類型，各有其特殊的作用，可以依據當時的需求而選擇參閱。

　　量論前行的論著，大致上可分為幾種類別：辨析、總義、攝頌、探疑、註疏、決疑、講義。

　　辨析體的論著是量論前行著作的主流。其著作的特色有二：第一、針對每一個單元，都會分成「破他宗」、「立自宗」、「斷諍論」三個段落。破他宗時，一個個敘述他宗的錯誤想法，繼而進行破斥；「立自宗」陳述自宗正確的想法；斷諍論則由他宗對自宗進行問難後，自宗作出回答而斷除諍論。辨析體的另一大特色，就是全文幾乎都以應成論式的問答組成，也就是整本論著自始至終都是一題題問答的過程，因此這類著作又稱為「應成鬘體」。各派量論前行的教本大多採用這種辨析體的著作，乃至整個五部大論的教本，也大多是這種形式的論著。這種形式的著作，能夠讓學習者快速掌握對於主題的

思辨要點，因此一般而言，辨析體的論著是最首要閱讀的教典。就像二世妙音笑大師所著的《求學教誡篇》中說的：「初先善解了，辨析諸文義，次觀覽總義，及諸釋論等。求趣智慧者，則當如蓮花，為日所光照，燦然而盛開。」量論前行的論典中，《惹對攝類學》、《攝類學建立》、《賽倉攝類學》、《堪千攝類學》、《惹氏攝類學》、《永津攝類學》都是這方面非常主要的教典。

總義體的論著，專門以解說的方式將論義闡述明白，而不作大量的辯論。在現觀及中觀等學科中，各個學派都有辨析及總義兩種不同體裁的必讀論著。而在量論前行的部份，則不會有另外必讀的總義論典。總義體論著的功用，在於令學者深入而完整地了解論體的內容。量論前行有少數的一些總義著作，蔣悲欽烈雲丹加措《遍攝攝類學之義》、毛爾蓋禪定海《所知異門·明慧理門》即屬此類。要較完整深入了解量論前行的義理，可參此類論著。

攝頌體的論著，以簡短的文字總攝所有論義的內涵。一般來說，其主要用途為背誦憶持。妙音仙帝巴慧幢《共通攝論攝頌·明慧心喜》、夏日具緣海《攝類學根本頌》、一世妙音笑語王精進《攝理心要頌》、巴日善慧極明《攝類學根本頌·明鏡》，即屬此類教典。

探疑體的論著，專門講述辯論場上所用的辯論題目。其著述的方式，與辨析體相似，整部書都是以應成論式問答而組成的。但是，其與辨析體的著作相差最大之處在於：辨析體所有的內容，都可以明確分出自宗與他宗的想法；而探疑體只負責辯，不立自宗，把一個個問題，既辯成是，又辯成非，可以說是專從問方的角度出發而寫的論

著。貢唐寶教炬《理路幻鑰》、《巴朗攝類學》、《攝類學建立·理路如意花》、《理路幻化·春使》、《趣入七部量論之門遍攝理路善說·明慧之鑰》、《初學者理路備忘錄·白蓮鬘》，即屬此類教典。當已經掌握了論義主體內容，在辯論方面練習到正反雙向破斥的階段時，較適合參閱這方面的教典。

　　註疏體的論著，是指對於一部主要詮釋的論著，進行逐字的解釋。一般而言，註疏體所解釋的都是印度的論典。量論前行既然屬於前行類的論著，自然不會註釋印度的論著，所以只是對於根本攝頌的解釋。如貢唐慧海《攝理心要頌釋》及札什倫布寺大住持善慧忍《攝類學根本頌釋》即屬此類。在有背誦攝頌的前題下，閱讀這些攝頌的註疏會大大增加對根本頌的理解，能更加活用其中的內容。而即便沒有背誦根本頌，也可將之視為總義類的著作來研閱。

　　決疑體的著作，是針對自宗受到問難的難點，說明應當如何回答的專著。這類的著作並不多，最著名的是妙吉祥僧海《惹對攝類學決疑》，貢唐慧海所著的《略解因類學辨析等難點·寶鬘》、《略解心類學辨析等難點·寶鬘》也屬此類著作。與探疑體相似，這類著作對於解答難解的矛盾點有很大的幫助，較適合已經掌握好主體內涵，進階到深入辯論的學者。

　　講義體的著作，是近代才開始發展出來的。傳統寺院的教學，一般都會用辨析體或總義體的論著，但對一般大眾還是顯得艱深，因此有些現代學校體系就發展出這種適應初學用講義式的課本。如念桑巴僧伽的《攝類學解說·俱胝明慧津梁》即屬此類。

捌、結語

　　量論前行──攝類學，傳承自熱情的聖域印度，最終卻獨樹一幟，成為寒冷高原上特有的一顆明珠。六、七百年來，藏地的智者們自最初學習教典之際，手中就握有這顆古老而閃爍的明珠，由此令顯密教法大放光輝，迄今不衰。相對於漢土的因明之學，雖亦曾盛極一時，然不過數十年便幾成絕學，未能為悠久的漢傳佛教增添異彩，殊為可惜！

　　恩師日常老和尚，一生立志將藏系傳承的活水引入漢傳佛教既有渠道，再現天竺正法之世盛況。成立僧團二十年來，大力弘揚《菩提道次第廣論》，勤懇耕耘，使漢地成為弘化圓滿教法的沃土。具恩真如老師承接法脈，紹師遺志，更進一步於漢地創建五部大論學制，並致力於迻譯漢文，使有志於尋求如來密意的廣大漢裔有情，開展出可依循增上的坦途。時光荏苒，倏爾已過一紀，而今所譯中文《賽倉攝類學》即將再版，居士傳習者過萬，是知二師之宏願已明見開端於茲矣。

　　筆者幸蒙二師之誨，得受法恩醒覺慧根，從最初混沌迷茫無知，至今略嘗大師教法之甘美，乃至能投身譯場參與盛會，傳譯祖師妙論，這一切的喜樂饗宴，無不來自師長之殷殷教誨。回顧二十多年來出家學法摸爬滾打的歷程，念及眾多有緣的勝友即將邁入學習五部大論的殿堂，不禁憶起諸師多年來的訓誡。於是不揣淺陋，披尋典籍、恭書師語，明敘攝類學之源流，以徵信於修學者；勾勒攝類學之要

旨，以諳其中意趣綱領；詳誌攝類學教典目錄，以供深研者搜求廣覽；開闡趣入此論之義利，以　好樂之心；提策研習之清淨意樂，以斷輕法、驕慢、毀信、自滿等種種歧路；略說習學之次第，使有準則得以循序漸進。倘若語有不中，議論失據，未達祖師本懷，有雜凡愚妄解之處，在此虔向諸佛菩薩祖師大德乞宥求懺。如有裨益於自他趣入正法之道，一切功德善根，悉願眾生眼目諸大善知識，恆住世間廣弘正法；如來教法昌隆不殞，清淨傳承永續不斷；一切有情悟入實相，迅疾成就正覺！芒嘎朗！

　　2017年10月10日釋如法書於加國愛德華王子島大覺傳燈寺譯場

索 引

摘錄原則說明：

1. 僅列出正文中出現的詞彙，序言、導讀、註解及綜述中的詞彙皆不列出。
2. 若出現二十筆以上的詞彙，為免過繁，僅列出帶有解釋者，或第一次出現者。
3. 若該詞彙與其他詞合併為一新詞，則不另外列出。

ㄩ

AMRITA TRANSLATION FOUNDATION

創設緣起

　　真如老師為弘揚清淨傳承教法，匯聚僧團中修學五部大論法要之僧人，於 2013 年底成立「月光國際譯經院」，參照古代漢、藏兩地之譯場，因應現況，制定譯場制度，對藏傳佛典進行全面性的漢譯與校註。

　　譯經院經過數年的運行，陸續翻譯出版道次第及五部大論相關譯著。同時也收集了大量漢、藏、梵文語系實體經典以及檔案，以資譯經。2018 年，真如老師宣布籌備譯經基金會，以贊助僧伽教育、譯師培訓、接續傳承、譯場運作、典藏經像、經典推廣。

　　2019 年，於加拿大正式成立非營利組織，命名為「大慈恩譯經基金會」，一以表志隨蹤大慈恩三藏玄奘大師譯經之遺業；一以上日下常老和尚之藏文法名為大慈，基金會以大慈恩為名，永銘今後一切譯經事業，皆源自老和尚大慈之恩。英文名稱為「AMRITA TRANSLATION FOUNDATION」，意為不死甘露譯經基金會，以表佛語釋論等經典，是療吾等一切眾生生死重病的甘露妙藥。本會一切僧俗，將以種種轉譯的方式令諸眾生同沾甘露，以此作為永恆的使命。

　　就是現在，您與我們因緣際會。我們相信，您將與我們把臂共行，一同走向這段美妙的譯師之旅！

大慈恩譯經基金會官網網站：https://www.amrtf.org/

AMRITA
TRANSLATION FOUNDATION

創始榮董名單

真如老師 楊哲優闔家 蕭丞莛 王名誼 釋如法 賴春長 江秀琴 張燈技 李麗雲 鄭鳳珠 鄭周 江合原 GWBI 蔡鴻儒 朱延均闔家 朱崴國際 康義輝 釋徹浩 釋如旭 陳悌錦 盧淑惠 陳麗瑛 劉美爵 邱國清 李月珠 劉鈴珠 楊林金寶 楊雪芬 施玉鈴 吳芬霞 徐金水 福泉資產管理顧問 王麒銘 王藝臻 王嘉賓 王建誠 陳秀仁 李榮芳 陳侯君 盧嬿竹 陳麗雲 張金平 楊炳南 宋淑雅 王淑均 陳玫圭 蔡欣儒 林素鐶 鄭芬芳 陳弘昌闔家 黃致文 蘇淑慧 魏榮展 何克澧 崔德霞 黃錦霞 楊淑涼 賴秋進 陳美貞 蕭仲凱 黃芷芸 陳劉鳳 楊耀陳 沈揚 曾月慧 吳紫蔚 張育銘 蘇國棟 闕月雲 蘇秀婷 劉素音 李凌娟 陶汶 周陳柳 林崑山闔家 韓麗鳳 蔡瑞鳳 陳銀雪 張秀雲 游陳溪闔家 蘇秀文 羅云彤 余順興 Huang,Yu Chi 闔家 林美伶 廖美子闔家 林珍珍 蕭陳麗宏 邱素敏 李翊民 李季翰 水陸法會 弟子 朱善本 顏明霞闔家 劉珈含闔家 蔡少華 李賽雲闔家 張航語闔家 詹益忠闔家 姚欣耿闔家 羅劍平闔家 李東明 釋性修 釋性祈 釋法謹 吳宜軒 陳美華 林郭喬鈴 洪麗玉 吳嬌娥 陳維金 陳秋惠 翁靖賀 邱重銘 李承慧 蕭誠佑 蔣岳樺 包雅軍 陳姿佑 陳宣廷 蕭麗芳 周麗芳 詹尤莉 陳淑媛 李永智 程莉闔家 蘇玉杰闔家 孫文利闔家 巴勇闔家 程紅林 闔家 黃榕闔家 劉予非闔家 章昶 王成靜 丁欽闔家 洪燕君 崔品寬闔家 鄭榆莉 彭卓 德鳴闔家 周圓海 鄒靜 劉紅君 潘紘 翁梅玉闔家 慧妙闔家 蔡金鑫闔家 慧祥闔家 駱國海 王文添闔家 翁春蘭 林廷諭 黃允聰 羅陳碧雪 黃水圳 黃裕民 羅兆鈞 黃彥傑 俞秋梅 黃美娥 蘇博聖 練雪溱

創始榮董名單

高麗玲 彭劉帶妹 彭鈺茹 吳松柏 彭金蘭 吳海勇 陳瑞秀 傅卓祥 王鵬翔
張曜楀闔家 鄧恩潮 蔡榮瑞 蔡佩君 陳碧鳳 吳曜宗 陳耀輝 李銘洲
鄭天爵 鄭充閭 鐘俊益邱秋俐 鄭淑文 黃彥傑闔家 任碧玉 任碧霞
廖紫岑 唐松章 陳贊鴻 張秋燕 釋清達 華月琴 鄭金指 林丕燦張德義
闔家 高麗玲闔家 嚴淑華闔家 郭甜闔家 賴春長闔家 馮精華闔家
簡李選闔家 黃麗卿闔家 劉美宏闔家 鄭志峯闔家 紀素華 紀素玲 潘頻余
潘錫謀闔家 莊鎮光 鍾淳淵闔家 林碧惠闔家 陳依涵 蔡淑筠 陳吳月
香陳伯榮 褚麗鳳 釋性覽釋法邦 林春發 張健均 吳秀榕 葉坤土闔家
釋法將林立柔闔家 黃美燕 黃俊傑闔家 張俊梧楊淑伶 邱金鳳 邱碧雲闔
家 詹明雅 陳奕君 舒子正 李玉瑩 楊淑瑜 張陳芳梅 徐不愛闔家 林江桂
簡素雲闔家 花春雄闔家 陳財發王潘香闔家 鍾瑞月 謝錫祺張桂香闔家
李回源 沈佛生薛佩璋闔家 地涌景觀團隊 張景男闔家 張阿幼 古賴義裕
闔家 蘇新任廖明科闔家 鍾乙彤闔家張克勤 羅麗鴻 唐蜀蓉闔家 蔡明亨
闔家 陳卉羚 楊智瑤闔家 林茂榮闔家 艾美廚衛有限公司 郭聰田 曾炎州
林猪闔家 張幸敏闔家 呂素惠闔家 林登財 李明珠 釋清暢歐又中闔家
李文雄闔家 吳信孝闔家 何庚燁 任玉明 游秀錦闔家 陳曉輝闔家 楊任
徵闔家 洪桂枝 福智台南分苑 張修晟 陳仲全陳玉珠闔家 黃霓華闔家
釋聞矚 林淑美 陳清木張桂珠 張相平闔家 杜翠玉闔家 潘榮進闔家
立長企業有限公司 李明霞闔家 林翠平闔家 張米闔家 林祚雄 陳懷谷闔
家曾毓芬 陳昌裕闔家 釋清慈闔家 楊勝次闔家 蕭毅闔家

2021-2024 年榮董名單

2021-2022

釋清克 莊如松闔家 黃杜榮子 李靜泱闔家 福智園區教師群 林淼涼闔家 蒙特婁越南玄空寺 李巧芳闔家 丁雅蓉 陳素真 劉阿基闔家 何錦潮 侯榮利陳秀亮闔家 許碧雲闔家 陳阿嬌闔家 魏美蓉何光燿闔家 蔡銀鏢 梁乃文 鄭淑文闔家 吳耀棠闔家 陳如馨闔家 舒子正 李玉瑩 胡欣蓮闔家 孟媧闔家 薛琍文闔家 蔡愛群蔡麗須闔家 李春景 許竣富許竣賀闔家 王昭變闔家 彭志偉 蔡榮瑞 蔡佩君 林惠莉 林美華 HOPE Center 周宜容 何定慧闔家 林翠平闔家 李建彤 陳金源闔家 釋性哲

2022-2023

徐明旺闔家 利根川張桂英闔家 李興雄闔家 釋性燈 李志蓉闔家 顧宗光 蔣勝池闔家 尹淑萍 袁欣樂翁麗琴袁瑢 李永晃闔家 趙敏帆闔家 張棟江 鍾玲玉 羅麗鴻闔家 黃淑清 黃顯珺 張雲凱王金月闔家 和美教室全體學員 李春陽闔家 黃素芬善友佛子行 李九思呂美齡闔家 田家瑄闔家 辛慶宗闔家 王彬彬 賴怡君林當得闔家 蔡鵬飛 李欲斌闔家 詹玉雯闔家 許麗卿 郭淑媖郭啟東闔家 馬超琴闔家 彰化15宗08班 清再 林勵延闔家 王書欽・蔡淑麗 梁黃碧桂・梁仁綜 楊麗蘭 香港科美公司 蔡連升

AMRITA
TRANSLATION FOUNDATION

AMRITA
TRANSLATION FOUNDATION

國家圖書館出版品預行編目(CIP)資料

賽倉攝類學 / 賽倉‧語王吉祥造論；釋如法,
釋性忠等譯註. -- 二版. -- 臺北市：福智文化,
2017.12
　冊；　公分
ISBN 978-986-93257-3-8 (全套：平裝)

1.藏傳佛教　2.注釋　3.佛教修持

226.962　　　　　　　　　　　　106019178

賽倉攝類學（下）

造　　　論	賽倉‧語王吉祥大師
總　　　監	真　如
主　　　譯	釋如法
主　　　校	釋性忠

責 任 編 輯	黃瑞美
文 字 校 對	王淑均　李宜容　沈平川　黃雪嬌　陳清億
美 術 設 計	張福海
版 型 設 計	黃清田　張福海
排　　　版	華漢電腦排版有限公司
印　　　刷	和宜彩色印刷包裝有限公司

出　版　者	福智文化股份有限公司
地　　　址	105407 台北市松山區八德路三段 212 號 9 樓
電　　　話	(02) 2577-0637
客服 Email	serve@bwpublish.com
官 方 網 站	https://www.bwpublish.com/
FB 粉絲專頁	https://www.facebook.com/BWpublish/

總　經　銷	時報文化出版企業股份有限公司
地　　　址	333019 桃園市龜山區萬壽路二段 351 號
電　　　話	(02) 2306-6600 轉 2111
出 版 日 期	2024 年 3 月　二版九刷
定　　　價	新台幣 800 元（全套 2 冊，不分售）

ISBN　978-986-93257-3-8

本書所得用以支持經典譯註及佛法弘揚